un
experimento
de
crítica literaria

el fenómeno de la lectura a examen

un experimento de crítica literaria

C. S. Lewis

GRUPO NELSON
Desde 1798

© 2022 por Grupo Nelson
Publicado en Nashville, Tennessee, Estados Unidos de América.
Grupo Nelson es una marca registrada de Thomas Nelson.
www.gruponelson.com
Thomas Nelson es una marca registrada de HarperCollins Christian Publishing, Inc.

Este título también está disponible en formato electrónico.

Título en inglés: *An Experiment in Criticism*
© The Press Syndicate of The University of Cambridge, 1999
© Anteriormente publicado por: Alba Editorial, S. L.
Baixada de Sant Miquel 1 bajos,
Barcelona, 08002

Todos los derechos reservados. Ninguna porción de este libro podrá ser reproducida, almacenada en ningún sistema de recuperación, o transmitida en cualquier forma o por cualquier medio —mecánicos, fotocopias, grabación u otro—, excepto por citas breves en revistas impresas, sin la autorización previa por escrito de la editorial.

Traducción: *Ricardo Pochtar*
Adaptación del diseño: *Setelee*

ISBN: 978-0-84070-909-7
eBook: 978-0-84070-911-0

Número de control de la Biblioteca del Congreso: 2022936881

CONTENIDO

1. LA MINORÍA Y LA MAYORÍA
1

2. DESCRIPCIONES INADECUADAS
7

3. EL USO QUE LA MINORÍA Y LA MAYORÍA HACEN DE LAS OBRAS PICTÓRICAS Y MUSICALES
17

4. CÓMO LEE EL MAL LECTOR
33

5. SOBRE EL MITO
47

6. LOS SIGNIFICADOS DE «FANTASÍA»
59

7. SOBRE LOS REALISMOS
67

8. SOBRE LOS ERRORES QUE COMETE EL BUEN LECTOR
87

9. RESUMEN
103

Contenido

10. LA POESÍA
111

11. EL EXPERIMENTO
123

EPÍLOGO
153

APÉNDICE
UNA NOTA SOBRE EDIPO
167

NOTAS
169

1

LA MINORÍA Y LA MAYORÍA

EN ESTE ENSAYO propongo un experimento. La función tradicional de la crítica literaria consiste en juzgar libros. Todos los juicios sobre la forma en que las personas leen los libros son un corolario de sus juicios sobre estos últimos. El mal gusto es, digamos, por definición, el gusto por los malos libros. Lo que me interesa es ver qué sucede si invertimos el procedimiento.

Partamos de una distinción entre lectores, o entre tipos de lectura, y sobre esa base distingamos, luego, entre libros. Tratemos de ver hasta qué punto sería razonable definir un buen libro como un libro leído de determinada manera, y un mal libro como un libro leído de otra manera.

Creo que vale la pena intentarlo porque, en mi opinión, el procedimiento normal entraña casi siempre una consecuencia incorrecta. Si decimos que a A le gustan las revistas femeninas y a B le gusta Dante, parece que *gustar* significa lo mismo en ambos casos: que se trata de una misma actividad aplicada a objetivos diferentes. Ahora bien: por lo que he podido observar, al menos en general, esta conclusión es falsa.

Ya en nuestra época de escolares, algunos de nosotros empezamos a reaccionar de determinada manera ante la buena literatura. Otros, la mayoría, leían, en la escuela, *The Captain*, y, en sus casas, efímeras novelas que encontraban en la biblioteca circulante. Sin embargo, ya entonces era evidente que la mayoría no «gustaba» de su dieta igual que nosotros de la nuestra. Y sigue siendo así. Las diferencias saltan a la vista.

En primer lugar, la mayoría nunca lee algo dos veces. El signo inequívoco de que alguien carece de sensibilidad literaria consiste en que, para él, la frase «Ya lo he leído» es un argumento inapelable contra la lectura de un determinado libro. Todos hemos conocido casos de mujeres cuyo recuerdo de determinada novela era tan vago que debían hojearla durante media hora en la biblioteca para poder estar seguras de haberla leído. Pero una vez alcanzada esa certeza, la novela quedaba descartada de inmediato. Para ellas, estaba muerta, como una cerilla quemada, un billete de tren utilizado o el periódico del día anterior: ya la habían usado. En cambio, quienes gustan de las grandes obras leen un mismo libro diez, veinte o treinta veces a lo largo de su vida.

En segundo lugar, aunque dentro de esa mayoría existan lectores habituales, estos no aprecian particularmente la lectura. Solo recurren a ella en última instancia. La abandonan con presteza tan pronto como descubren otra manera de pasar el tiempo. La reservan para los viajes en tren, para las

La minoría y la mayoría

enfermedades, para los raros momentos de obligada soledad, o para la actividad que consiste en «leer algo para conciliar el sueño». A veces la combinan con una conversación sobre cualquier otro tema, o con la audición de la radio. En cambio, las personas con sensibilidad literaria siempre están buscando tiempo y silencio para entregarse a la lectura, y concentran en ella toda su atención. Si, aunque solo sea por unos días, esa lectura atenta y sin perturbaciones les es vedada, se sienten empobrecidos.

En tercer lugar, para esta clase de personas, la primera lectura de una obra literaria suele ser una experiencia tan trascendental que solo admite comparación con las experiencias del amor, la religión o el duelo. Su conciencia sufre un cambio muy profundo.

Ya no son los mismos. En cambio, los otros lectores no parecen experimentar nada semejante. Cuando han concluido la lectura de un cuento o una novela, a lo sumo no parece que les haya sucedido algo más que eso.

Por último, y como resultado natural de sus diferentes maneras de leer, la minoría conserva un recuerdo constante y destacado de lo que ha leído, mientras que la mayoría no vuelve a pensar en ello. En el primer caso, a los lectores les gusta repetir, cuando están solos, sus versos y estrofas preferidos. Los episodios y personajes de los libros les proporcionan una especie de iconografía de la que se valen para interpretar o resumir sus propias experiencias. Suelen dedicar bastante tiempo a comentar con otros sus lecturas. En cambio, los otros lectores rara vez piensan en los libros que han leído o hablan sobre ellos.

Parece evidente que, si se expresaran con claridad y serenidad, no nos reprocharían que tengamos un gusto equivocado sino, sencillamente, que armemos tanta alharaca por los libros. Lo que para nosotros constituye un ingrediente fundamental de nuestro bienestar solo tiene para ellos un valor secundario. Por tanto, limitarse a decir que a ellos les gusta una cosa y a nosotros otra equivale casi a dejar de lado lo más importante. Si la palabra correcta para designar lo que ellos hacen con los libros es *gustar*, entonces hay que encontrar otra palabra para designar lo que hacemos nosotros. O, a la inversa, si nosotros *gustamos* de nuestro tipo de libros, entonces no debe decirse que ellos *gusten* de libro alguno. Si la minoría tiene «buen gusto», entonces deberíamos decir que no hay «mal gusto»: porque la inclinación de la mayoría hacia el tipo de libros que prefiere es algo diferente; algo que, si la palabra se utilizara en forma unívoca, no debería llamarse gusto en modo alguno.

Aunque me ocuparé casi exclusivamente de literatura, conviene señalar que la misma diferencia de actitud existe respecto de las otras artes y de la belleza natural. Muchas personas disfrutan con la música popular de una manera que es compatible con tararear la tonada, marcar el ritmo con el pie, hablar y comer. Y cuando la canción popular ha pasado de moda, ya no la disfrutan. La reacción de quienes disfrutan con Bach es totalmente diferente. Algunas personas compran cuadros porque, sin ellos, las paredes «parecen tan desnudas»; y, a la semana de estar en casa, esos cuadros se vuelven prácticamente invisibles para ellas. En cambio, hay una minoría que se nutre de un gran cuadro durante años. En cuanto a la naturaleza, la mayoría «gusta de una bonita vista, como cualquier persona». Les parece muy bien. Pero tomar en cuenta el paisaje para elegir, por ejemplo, un sitio de vacaciones —darle la misma importancia que a otras cosas tan serias como el lujo del hotel, la excelencia del campo de golf y lo soleado del clima—, eso ya les parece rebuscado. No parar de hablar de él, como Wordsworth, ya sería un disparate.

2
DESCRIPCIONES INADECUADAS

EL HECHO DE que los lectores de una clase sean muchos y los de la otra pocos constituye un «accidente», en el sentido lógico: las diferencias entre ambas clases no son numéricas. Lo que nos interesa es distinguir entre dos maneras de leer. La simple observación ya nos ha permitido describirlas de forma rápida y aproximativa, pero debemos profundizar su descripción. Lo primero es eliminar ciertas identificaciones precipitadas de esa «minoría» y de esa «mayoría».

Algunos críticos se refieren a los miembros de esta última como si se tratase de la mayoría en todos los aspectos, como si se tratase, en realidad, de la chusma. Los acusan de incultos, de bárbaros, y les atribuyen una tendencia a reaccionar de forma tan «basta», «vulgar» y «estereotipada» que demostraría su torpeza e insensibilidad en todos los órdenes de la vida, convirtiéndolos así en un peligro constante para la civilización. A veces parece, según este tipo de crítica, que el hecho de leer narrativa «popular» supone una depravación moral. No creo que la experiencia lo confirme. Pienso que en la «mayoría» hay personas iguales o superiores a algunos miembros de la minoría desde el punto de vista de la salud psíquica, la virtud moral, la prudencia práctica, la buena educación y la capacidad general de adaptación. Y todos sabemos muy bien que entre las personas dotadas de sensibilidad literaria no faltan los ignorantes, los pillos, los tramposos, los perversos y los insolentes. Nuestra distinción no tiene nada que ver con el apresurado y masivo *apartheid* que practican quienes se niegan a reconocer este hecho.

Aunque este tipo de distinción no tuviese ningún otro defecto, todavía resultaría demasiado esquemática. Entre ambas clases de lectores no existen barreras inamovibles. Hay personas que han pertenecido a la mayoría y que después se han convertido y han pasado a formar parte de la minoría. Otras abandonan la minoría para unirse a la mayoría, como solemos descubrir con tristeza cuando nos encontramos con antiguos compañeros de escuela. Hay personas que pertenecen al nivel «popular» en lo que a determinada forma de arte se refiere, pero que demuestran tener una sensibilidad exquisita para otro tipo de obras de arte. A veces los músicos tienen un gusto poético lamentable. Y muchas personas que carecen de todo sentido estético pueden muy bien estar dotadas de una gran inteligencia, cultura y sutileza.

Esto no debe sorprendernos demasiado porque la cultura de esas personas es diferente de la nuestra; la sutileza de un

Descripciones inadecuadas

filósofo o de un físico es diferente de la de un hombre de letras. Lo que sí resulta sorprendente e inquietante es comprobar que personas en las que *ex officio* cabría esperar una apreciación profunda y habitual de la literatura puedan ser, en realidad, totalmente incapaces de apreciarla. Son meros profesionales. Quizá alguna vez su actitud haya sido la auténtica, pero ya hace mucho que el «martillar monótono de los pasos por el camino fácil y firme» los ha vuelto sordos a cualquier tipo de estímulos. Pienso en los desdichados profesores de ciertas universidades extranjeras, que para conservar sus puestos deben publicar continuamente artículos donde digan, o aparenten decir, cosas nuevas sobre tal o cual obra literaria; o en los que deben escribir reseña tras reseña y tienen que pasar lo más rápido posible de una novela a otra, como escolares que hacen sus deberes. Para este tipo de personas, la lectura suele convertirse en un mero trabajo. El texto que tienen delante deja de existir como tal para transformarse en materia prima, en arcilla con que amasar los ladrillos que necesitan para su construcción. No es raro, pues, que en sus horas de ocio practiquen, si es que leen, el mismo tipo de lectura que la mayoría. Recuerdo muy bien la frustración que sentí cierta vez en que cometí la torpeza de mencionar el nombre de un gran poeta, sobre el que habían versado los exámenes de varios alumnos, a otro miembro de la mesa examinadora. No recuerdo exactamente sus palabras, pero dijo más o menos lo siguiente:

«¡Por Dios! ¿Después de tantas horas aún tiene ganas de seguir con el tema? ¿No ha oído el timbre?». Las personas que llegan a encontrarse en esa situación por imperativo de las necesidades económicas o del exceso de trabajo solo me inspiran compasión. Pero, lamentablemente, también se llega a eso por ambición y deseo de triunfar. Y en todo caso el resultado es siempre la pérdida de la sensibilidad. La «minoría» que nos interesa no puede ser identificada con los *cognoscenti*. Ni el oportunista ni el pedante se encuentran necesariamente entre sus miembros.

Y menos aún el buscador de prestigio. Así como existen, o existían, familias y círculos en los que era casi un imperativo social demostrar un interés por la caza, las partidas de críquet entre los vecinos del condado o el escalafón militar, hay otros ambientes en los que se requiere una gran independencia para no comentar, y, por tanto, en ocasiones, no leer, los libros consagrados; sobre todo los nuevos y sorprendentes, así como los que han sido prohibidos o se han convertido por alguna otra causa en tema de discusión. Este tipo de lectores, este «vulgo restringido», se comporta, en cierto sentido, exactamente igual que el «vulgo mayoritario». Obedece siempre a los dictados de la moda. En el momento exacto abandona a los escritores de la época de Jorge V para expresar su admiración por la obra de Eliot, así como reconoce que Milton «está superado» y descubre a Hopkins. Es capaz de rechazar un libro porque la dedicatoria comienza con una preposición y no con otra. Sin embargo, mientras eso sucede en la planta baja, es probable que la única experiencia realmente literaria de la casa se desarrolle en un dormitorio del fondo, donde un niño pequeño armado con una linterna lee *La isla del tesoro* debajo de las mantas.

El devoto de la cultura es una persona mucho más valiosa que el buscador de prestigio. Lee, como visita galerías de arte y salas de concierto, no para obtener mayor aceptación social, sino para superarse, para desarrollar sus potencialidades, para llegar a ser un hombre más pleno. Es sincero y puede ser modesto. Lejos de bailar al ritmo de la moda, lo más probable es que se atenga exclusivamente a los «autores consagrados» de todas las épocas y naciones, a «lo mejor que se ha pensado y dicho en el mundo».

Hace pocos experimentos y tiene pocos autores favoritos. Sin embargo, a pesar de esos valores, este tipo de hombre puede no ser en modo alguno un auténtico amante de la literatura, en el sentido que aquí nos interesa. La distancia que lo separa de este puede ser tan grande como la que media entre la persona que todas las mañanas realiza ejercicios con pesas y la que realmente siente afición por el deporte. Es normal que aquella actividad contribuya a perfeccionar el cuerpo del deportista; pero, si se convierte en la única, o en la principal, razón de su juego deportivo, esta deja de ser tal para convertirse en mero «ejercicio».

Sin duda, una persona a quien le gusta el deporte (y también las comilonas) puede muy bien escoger, por razones médicas, el desarrollo prioritario de la primera afición. Del mismo modo, una persona a quien le gusta la buena literatura y también le gusta matar el tiempo leyendo tonterías puede decidir razonablemente, por motivos culturales, dar prioridad, en principio, a la primera. En ambos casos, suponemos que se trata de gustos auténticos. La primera persona escoge el fútbol en lugar de una comida pantagruélica porque las dos cosas le gustan. La segunda prefiere Racine en lugar de E. R. Burroughs porque *Andromaque* realmente la atrae, como *Tarzán*. Sin embargo, cuando se practica determinado juego solo por motivos higiénicos, o se lee determinada tragedia solo por el deseo de superarse, no se está jugando realmente, en un caso, ni recibiendo realmente la obra, en el otro. El fin último de ambos actos es la propia persona que los realiza. En ambos, lo que debiera tener un valor autónomo —en el juego o en la lectura— se convierte en un medio. No hay que pensar en «conservarse en forma», sino en las metas. La mente debe entregarse —y, en ese caso, ¿cuánto tiempo podemos dedicar a una abstracción tan pálida como la Cultura?— a ese ajedrez espiritual donde las piezas son «pasiones exquisitamente talladas en alejandrinos y los escaques seres humanos».[1]

Quizá esta empeñosa manera de no leer como es debido predomine particularmente en nuestra época. Un resultado

Descripciones inadecuadas

lamentable de la introducción de la literatura como asignatura en las escuelas y universidades consiste en que, desde los primeros años, se inculca en los jóvenes estudiosos y obedientes la idea de que leer a los grandes autores es algo meritorio. Si se trata de un joven agnóstico de ascendencia puritana, el estado mental al que le lleva esa educación es muy deplorable. La conciencia puritana sigue funcionando sin la teología puritana, como piedras de molino sin grano que moler, como jugos digestivos en un estómago vacío, que producen úlceras. El desdichado joven aplica a la literatura todos los escrúpulos, el rigor, la severidad para consigo mismo y la desconfianza ante el placer, que sus predecesores aplicaban a la vida espiritual; y quizá no tarde en aplicar también su misma intolerancia e hipocresía. La doctrina del doctor I. A. Richards, según la cual la lectura correcta de la buena poesía posee un verdadero valor terapéutico, confirmará esa actitud. Las Musas asumen, así, el papel de las Euménides. Una joven confesaba contrita a un amigo mío que la «tentación» que más le obsesionaba era el deseo sacrílego de leer revistas femeninas.

Es la existencia de estos puritanos de las letras la que me ha inducido a no utilizar el adjetivo *serio* para calificar a los buenos lectores y a la buena manera de leer. Es el calificativo que más parece ajustarse a la idea que estamos exponiendo. Pero entraña una ambigüedad fatal. De una parte, puede significar aproximadamente lo mismo que «grave» o «solemne»; de la otra, algo aproximadamente similar a «cabal», «sincero», «decidido». Así, decimos que Smith es «un hombre serio», o sea, lo contrario de jovial, y que Wilson es «un estudiante serio», o sea, que estudia con empeño. El hombre serio puede muy bien ser una persona superficial, un *dilettante*, en lugar de un «estudiante serio». El estudiante serio puede ser tan juguetón como Mercurio. Algo puede hacerse seriamente en un sentido, pero no en el otro. El hombre que juega al fútbol por razones de salud es serio; sin embargo, ningún futbolista auténtico dirá que es un jugador serio. No es sincero al jugar; el partido le tiene sin cuidado. En realidad, el hecho de que sea un hombre serio entraña su falta de seriedad en el juego: solo «juega a jugar», aparenta jugar. Pues bien: el verdadero lector lee los libros con gravedad o solemnidad. Porque los leerá «con la misma actitud con que el autor los ha escrito». Lo escrito con ligereza, lo leerá con ligereza; lo escrito con gravedad, lo leerá con gravedad. Cuando lea los *fabliaux* de Chaucer «reirá y se agitará en la poltrona de Rabelais», pero su reacción ante *El rizo robado* será, en cambio, de exquisita frivolidad. Disfrutará de una fruslería como de una fruslería, y de una tragedia como de una tragedia. Nunca caerá en el error de tratar de mascar nata montada como si fuera carne de caza.

Este es el peor defecto que pueden tener los puritanos de las letras. Son personas demasiado serias para asimilar seriamente lo que leen. En cierta ocasión, un estudiante

Descripciones inadecuadas

universitario me leyó un trabajo sobre Jane Austen a juzgar por el cual, si yo no hubiese leído ya sus novelas, nunca habría pensado que estas podían albergar el más mínimo rasgo de comedia. Después de una de mis clases, recorrí la distancia que separa Mili Lane de Magdalene acompañado por un joven que, realmente afligido y horrorizado, protestaba por mi ofensiva, vulgar e irreverente sugerencia de que *El cuento del molinero* fue escrito para hacer reír a la gente. He oído de otro para quien *Noche de Reyes* era un penetrante estudio de la relación entre el individuo y la sociedad. Estamos criando una raza de jóvenes tan solemnes como los animales («las sonrisas surgen de la razón»); tan solemnes como un muchacho escocés de diecinueve años, hijo de un pastor presbiteriano, que, invitado a una reunión social en Inglaterra, toma todos los cumplidos como afirmaciones y todas las chanzas como insultos. Hombres solemnes, pero no lectores serios: incapaces de abrir lisa y llanamente su mente, sin prejuicios, a los libros que leen.

Puesto que todos los otros calificativos son inadecuados, ¿podemos describir, pues, a los miembros de esta «minoría» con sensibilidad literaria como lectores *maduros*? Este adjetivo les convendrá, sin duda, por una serie de razones, porque, como en muchas otras cosas, la capacidad de adoptar una actitud idónea ante los libros solo puede alcanzarse a través de la experiencia y la disciplina; y, por tanto, es algo que no se encontrará entre los muy jóvenes. Pero aún no hemos dado totalmente en el clavo. Si al optar por este calificativo estuviésemos sugiriendo que lo natural es que todas las personas empiecen relacionándose con la literatura como la mayoría, y que, luego, todas aquellas personas que alcanzan una madurez psicológica general aprenden a leer como la minoría, creo que seguiríamos equivocándonos. Considero que los dos tipos de lectores ya se encuentran prefigurados desde la cuna. ¿Acaso los niños no reaccionan de maneras diferentes incluso antes de saber leer, cuando escuchan los cuentos que otros les narran? Es indudable que tan pronto como aprenden a leer se manifiesta la distinción entre ambos grupos. Unos solo leen cuando no tienen nada mejor que hacer, devoran los cuentos para «descubrir qué sucedió», y rara vez los releen; otros los leen muchas veces y experimentan una emoción muy profunda.

Como ya he dicho, todos estos intentos de describir a los dos tipos de lectores son precipitados. Los he mencionado para poder descartarlos. Lo que debemos hacer es tratar de compenetrarnos con las diferentes actitudes en cuestión. La mayoría de nosotros deberíamos poder hacerlo porque, con respecto a alguna de las artes, todos hemos pasado de una actitud a otra. Todos sabemos algo sobre la experiencia de la mayoría, no solo por observación, sino también por haberla vivido.

3

EL USO QUE LA MINORÍA Y LA MAYORÍA HACEN DE LAS OBRAS PICTÓRICAS Y MUSICALES

CRECÍ EN UN sitio donde no había cuadros buenos que ver, de modo que mi primer contacto con el arte del pintor o el dibujante se realizó solo a través de las ilustraciones de los libros. Las de los *Cuentos* de Beatrix Potter hicieron las delicias de mi niñez; y en mis años de colegio disfruté contemplando las de *El anillo* de Arthur Rackham. Aún conservo todos aquellos libros. Cuando los hojeo en la actualidad nunca pienso: «¿Cómo pudieron gustarme obras tan malas?». Lo que me asombra es que no supiera distinguir entre obras de tan desigual calidad. Ahora percibo de inmediato la gracia del dibujo y la pureza del color en algunas láminas de Beatrix Potter, y la fealdad, los defectos de composición e incluso el carácter repetitivo de otras ilustraciones suyas. (En cambio, la clásica concisión de su estilo literario no presenta esos desniveles). En Rackham veo ahora cielos, árboles y formas grotescas admirables, pero también observo que las figuras humanas suelen parecer maniquíes. ¡Cómo pude no verlo? Creo que mi recuerdo es lo suficientemente preciso para poder responder a esta pregunta.

Las ilustraciones de Beatrix Potter me gustaban en una época en que estaba fascinado —quizá más aún que la mayoría de los niños— por la idea de los animales humanizados; en cuanto a las de Rackham, me gustaban en una época en que la mitología noruega constituía el principal interés de mi vida. Es evidente que lo que me atraía en las imágenes de ambos artistas era el contenido representativo. Eran sucedáneos. Si (en una época) hubiese podido ver realmente animales humanizados, o si (en la otra) hubiese podido ver realmente valquirias, me habría quedado con ellos en lugar de con sus representaciones. Del mismo modo, un paisaje pintado solo me atraía si representaba un lugar por el que realmente me hubiese gustado pasear. En una etapa un poco más avanzada, un cuadro que representaba a una mujer solo me parecía admirable si esta me hubiera atraído en caso de estar realmente presente.

Ahora comprendo que no prestaba la debida atención a lo que miraba. Me interesaba muchísimo lo que el cuadro representaba, y casi nada lo que el cuadro era. Su función apenas se diferenciaba de la de un jeroglífico. Todo lo que quería extraer de él eran estímulos para que mis emociones y mi imaginación pudieran aplicarse a los objetos representados. La observación prolongada y cuidadosa del cuadro mismo era innecesaria; habría constituido incluso un obstáculo para la actividad subjetiva.

Todo me lleva a pensar que aquella experiencia mía de entonces frente a la pintura era similar a la que normalmente tienen los miembros de la mayoría.

Casi todos los cuadros que, a través de las reproducciones, gozan de vasta popularidad representan cosas que de una u otra manera agradarían, divertirían, excitarían o emocionarían en la realidad a las personas que los admiran: *El monarca de la cañada*, *El que primero plañe la muerte del viejo pastor*, *Burbujas*; escenas de caza y batallas; lechos de muerte y banquetes; niños, perros, gatos y gatitos; jóvenes pensativas (vestidas) que excitan los sentimientos, y jóvenes lozanas (menos vestidas) que excitan los apetitos.

Los comentarios de aprobación de los que compran tales cuadros son siempre del mismo tipo: «Nunca he visto un rostro más delicioso», «Fíjese en la Biblia del anciano, sobre la mesa», «Mire usted: los personajes, parece que estuviesen escuchándonos», «¡Qué hermosa es esa vieja casa!». El interés recae sobre lo que podríamos llamar las cualidades «narrativas» del cuadro. Es muy raro que se mencione la línea, el color (como tal) o la composición. A veces, la habilidad del artista sí se menciona («Mire usted cómo ha logrado reproducir el efecto de la luz de la vela en las copas de vino»). Pero lo que se admira es el realismo —incluso rozando el *trompe-l'oeil*—, y la dificultad, real o supuesta, que entraña lograrlo.

Sin embargo, todos estos comentarios, así como casi todo el interés por el cuadro, desaparecen poco después de la compra. No tarda mucho en morir para sus propietarios, igual que la novela ya leída para el tipo de lectores que adoptan una actitud similar: ya ha sido usado, ya ha cumplido su misión.

Esta actitud ante la pintura —que fue también la mía en cierta época— casi podría definirse como «uso» de los cuadros. Mientras se persiste en ella, el cuadro —o más bien una selección apresurada e inconsciente de algunos de sus elementos— es usado como un arranque automático para ciertas actividades imaginativas y emocionales del sujeto. Dicho de otro modo: se hace algo con él. La persona no se abre a lo que el cuadro es capaz de hacer en ella por el hecho de ser en su totalidad precisamente lo que es.

Lo que sucede en tal caso es que el cuadro es tratado como se impone hacerlo con otros dos tipos de objetos representativos: el icono y el juguete. (No uso la palabra «icono» en el sentido estricto que le asigna la Iglesia ortodoxa; yo me refiero a cualquier objeto representativo, ya sea bi o tridimensional, que se utiliza como un auxiliar para la devoción).

Aunque determinado juguete o determinado icono puedan ser de por sí obras de arte, eso es accidental desde el

El uso que la minoría y la mayoría hacen de las obras pictóricas y musicales

punto de vista lógico, porque sus eventuales valores artísticos en nada contribuyen a su excelencia como juguete o como icono. Incluso pueden ir en detrimento de ella, porque su finalidad no consiste en atraer la atención sobre sí mismos, sino en estimular y liberar ciertas actividades en el niño o en el devoto. El osito de felpa existe para que el niño pueda dotarlo de una vida y de una personalidad imaginaria, y para que establezca con él una relación casi social. «Jugar con él» significa eso. Cuanto mejor se desarrolla esa actividad, menos importancia tiene el aspecto concreto del objeto. Si se presta demasiada atención a su rostro inmutable e inexpresivo, es más difícil jugar. Un crucifijo existe para dirigir el pensamiento y las emociones del devoto hacia la Pasión. Lo mejor es que carezca de excelencias, sutilezas u originalidades, pues estas distraerían la atención. Por eso, las personas devotas prefieren quizá los iconos más rudimentarios y despojados. Los más vacíos, los más permeables... como si desearan atravesar la imagen material, ir más allá. Por la misma razón, el juguete más caro y más realista no suele conquistar el amor del niño.

Si así es como la mayoría de las personas usan los cuadros, entonces debemos rechazar de inmediato la idea despreciativa de que ese uso es siempre y necesariamente vulgar y necio. Puede serlo o no serlo. Las actividades subjetivas a las que se entregan las personas a partir de los cuadros pueden ser de muy distintos niveles. *Las tres Gracias* de

Tintoretto pueden ser, para determinada persona, un mero apoyo para su imaginación libidinosa; esa persona usa la obra como pornografía. Otra persona puede usarla como punto de partida para una reflexión sobre el mito griego, que, en sí mismo, es valioso. A su manera, ese mito podría obrar efectos tan buenos como el cuadro mismo. Quizá sucedió algo así cuando Keats contempló una urna griega. Ese uso del vaso habría sido admirable. Pero admirable a su manera, no como observación adecuada de una pieza de arte cerámico. Los usos que pueden hacerse de los cuadros son variadísimos y habría bastante que decir sobre muchos de ellos, pero lo único que, con seguridad, podemos decir en contra de todos y cada uno de ellos es que, esencialmente, no constituyen apreciaciones adecuadas de los cuadros.

Para eso se requiere el procedimiento inverso. No debemos soltar nuestra propia subjetividad sobre los cuadros haciendo de estos su vehículo. Debemos empezar por dejar a un lado, en lo posible, nuestros prejuicios, nuestros intereses y nuestras asociaciones mentales. Debemos hacer sitio para el *Marte y Venus* de Botticelli, o para la *Crucifixión* de Cimabue, despojándonos de nuestras propias imágenes. Después de este esfuerzo negativo, el positivo. Debemos usar nuestros ojos. Debemos mirar y seguir mirando hasta que hayamos visto exactamente lo que tenemos delante. Nos instalamos ante un cuadro para que este nos haga algo, no para hacer nosotros algo con él. Lo primero que exige toda obra de arte es una entrega. Mirar. Escuchar. Recibir. Apartarse uno mismo del camino. (No vale preguntarse primero si la obra que se tiene delante merece esa entrega, porque sin haberse entregado es imposible descubrirlo).

Lo que debemos dejar a un lado no son solo nuestras propias «ideas» sobre, por ejemplo, Marte y Venus. Con eso solo haríamos sitio para las «ideas» de Botticelli, en el mismo sentido de la palabra. Solo recibiríamos aquellos elementos de su invención que comparte con el poeta. Pero, como se trata ante todo de un pintor y no de un poeta, eso sería erróneo. Lo que debemos recibir es su invención específicamente pictórica: aquello que, con los volúmenes, colores y líneas, crea la compleja armonía del cuadro en su conjunto.

La mejor manera de expresar esta diferencia entre la mayoría y la minoría consiste en decir que mientras unos *usan* el arte otros lo *reciben*. La mayoría se comporta en este caso como un hombre que habla cuando debería escuchar o que da cuando debería tomar. Con esto no afirmo que el buen espectador sea pasivo. También él está entregado a una actividad imaginativa, pero se trata de una actividad obediente. Parece pasivo al principio porque está atendiendo a lo que se le ordena. Si, una vez que ha comprendido plenamente, decide que no vale la pena obedecer —dicho de otro modo: si piensa que el cuadro es malo—, se aparta sin más.

El ejemplo del hombre que hace un uso pornográfico del Tintoretto demuestra que una buena obra de arte puede usarse mal. Sin embargo, una mala obra de arte se presta mucho más a este tipo de utilización. De no mediar la hipocresía moral o cultural, el hombre que utiliza así a Tintoretto preferirá valerse de Kirchner o de imágenes fotográficas, porque allí no existen detalles superfluos: hay más jamón y menos adornos.

En cambio, la operación inversa me parece imposible. No se puede disfrutar de un cuadro malo con la actitud de plena y disciplinada «recepción» que la minoría adopta ante uno bueno. Me di cuenta de esto hace poco cuando, mientras esperaba en una parada de autobuses, me encontré mirando con atención, durante más o menos un minuto, un anuncio pegado a una cartelera próxima donde aparecían un hombre y una muchacha bebiendo cerveza en un local público. El cartel no toleraba ese tipo de examen. Cualesquiera que fuesen los méritos que pudiese haber presentado a primera vista, estos se iban desvaneciendo con cada segundo de contemplación. Las sonrisas se convertían en muecas de muñeco de cera. El color era —al menos así me parecía— pasablemente realista, pero no tenía nada de agradable. En la composición el ojo no encontraba nada que pudiera satisfacerlo. Además de representar algo, el cartel no era un objeto capaz de producir deleite. Pienso que lo mismo sucede cuando se examina con atención un cuadro malo.

Entonces es inexacto decir que la mayoría «disfruta con los cuadros malos». Disfruta con las ideas que esos cuadros malos le sugieren. Esas personas no ven realmente los cuadros tal como son. Si los vieran así, les resultarían insoportables. En cierto sentido, nadie disfruta —ni puede disfrutar— con una obra mala. A la gente no le gusta la mala pintura porque en ella los rostros se parezcan a los de los títeres ni *porque* las líneas que deberían expresar movimiento carezcan de verdadero dinamismo ni porque el conjunto esté exento de gracia o de energía. Sencillamente, no perciben esos defectos: son tan invisibles como lo es el rostro real del osito de felpa para el niño ingenuo e imaginativo que juega absorto con él. Sus ojos son solo cuentas de vidrio, pero el niño no las ve.

Si el mal gusto artístico es el gusto por lo malo como tal, no estoy totalmente convencido de que exista. Suponemos que existe porque solemos aplicar el adjetivo «sentimental» al conjunto de esas formas populares de disfrutar. Si esto significa que ese tipo de deleite consiste en la actividad de lo que podríamos llamar «sentimientos», entonces (aunque pienso que podría encontrarse un término mejor) no andamos demasiado desencaminados. En cambio, si significa que todas esas actividades se caracterizan por la sensiblería, la blandura, la exageración y, en general, la impureza, entonces ya no estamos tan seguros. El hecho de conmoverse por la idea de la muerte de un viejo pastor solitario y la fidelidad de su perro no constituye —en sí mismo y al margen del tema que estamos tratando— signo alguno de inferioridad. La auténtica objeción que cabe hacer a esa manera de disfrutar la pintura consiste en que en ella la persona nunca va más allá de sí misma. Cuando el cuadro se utiliza de ese modo, solo puede extraer de la persona lo que esta ya tenía dentro de sí. Hay una nueva región que el arte pictórico como tal ha añadido al mundo, pero la persona permanece más acá de su frontera. *Zum Eckel find'ch imnier nur mich* [Para sentir asco, me basta con lo que encuentro en mí].

En el caso de la música, supongo que muchos de nosotros, quizá casi todos, empezamos en las filas de la mayoría. Lo único que nos interesaba era la «melodía», la parte del sonido que podía silbarse o tararearse. Una vez captado ese aspecto de la pieza, el resto se volvía prácticamente inaudible. No advertíamos cómo la había tratado el compositor ni cómo expresaban los intérpretes su composición. En cuanto a la melodía, creo que reaccionábamos de dos maneras.

Primero, y más obviamente, una reacción social y orgánica. Queríamos «participar»; cantar, tararear, marcar el compás, balancear nuestros cuerpos con el ritmo. Sabemos muy bien cuán a menudo la mayoría siente este impulso y se deja llevar por él.

En segundo lugar, una reacción emocional. Según la melodía pareciese sugerírnoslo, nos volvíamos heroicos, nos poníamos melancólicos o alegres. Tengo razones para ser cauteloso: si digo «pareciese» es porque algunos puristas de

El uso que la minoría y la mayoría hacen de las obras pictóricas y musicales

la música me han asegurado que la correspondencia entre ciertos aires y ciertas emociones es una ilusión. Sin duda, esa conexión desaparece a medida que se desarrolla la verdadera comprensión de la música. Y no es en modo alguno universal. Ya en Europa Oriental el tono menor no presenta la importancia que tiene para la mayoría de los ingleses. Por mi parte, al escuchar un canto guerrero zulú no me pareció percibir el avance de un *impi* ávido de sangre, sino el sonido dulce y melancólico de una *berceuse*. A veces también sucede que este tipo de reacciones emocionales responden mucho más a los títulos caprichosos de ciertas composiciones que a la música misma.

Cuando la reacción emocional es suficientemente intensa, excita la fantasía. Surgen vagas imágenes de tristezas inconsolables, de deslumbrantes bacanales o de arrasados campos de batalla. Estas imágenes se van convirtiendo en la verdadera fuente de nuestro placer. Casi dejamos de oír la melodía, y más aún de percibir el uso que el compositor hace de ella y la calidad de la ejecución. Hay un instrumento, la gaita, que todavía escucho de esta manera. Soy incapaz de distinguir entre una pieza y otra, como tampoco entre un buen y un mal gaitero. Solo escucho «gaitas», todas igualmente embriagadoras, acongojantes, orgiásticas. Así reaccionaba Boswell frente a la música en general. «Le dije que me afectaba hasta tal punto que a menudo mis nervios eran presa de una dolorosa agitación en virtud de la cual mi mente oscilaba entre un sentimiento de patética congoja, que casi me hacía derramar lágrimas, y otro de intrépido arrojo, que me impulsaba a lanzarme hacia el sitio donde el combate era más intenso». La respuesta de Johnson es digna de recordarse: «Señor, si me va a volver tan tonto prefiero no escucharla».[2]

Antes hemos tenido que recordar que, si bien el uso popular de los cuadros no constituye una apreciación auténtica de estos, no necesariamente es vulgar y degradado en sí mismo... aunque, desde luego, con frecuencia lo sea. En el caso del uso popular de la música no es preciso hacer esa declaración. Una condena general de la reacción orgánica o de la emocional sería inaceptable. Equivaldría a una descalificación de la especie humana. Obviamente, cantar y bailar al son del violín en una fiesta (reacciones orgánica y social) son actividades correctísimas. Que «el arpa haga brotar saladas lágrimas en tus ojos» no es ridículo ni vergonzoso. Ninguna de esas reacciones es específica de las personas carentes de cultura musical. También los *cognoscenti* pueden ser sorprendidos tarareando o silbando. También ellos, o algunos de ellos, son sensibles a las sugerencias emocionales de la música.

Sin embargo, no tararean ni silban mientras suena la música; solo lo hacen cuando la evocan, como cuando repetimos para nosotros mismos nuestros versos preferidos. Además, el efecto emocional directo de este o aquel pasaje tiene una importancia muy pequeña. Una vez que hemos captado la estructura global de la obra, una vez que nuestra imaginación auditiva ha recibido la invención (al mismo tiempo sensible e intelectual) del compositor, podemos tener una reacción emocional ante ella. Se trata de un tipo de emoción diferente ante un tipo de objeto diferente. Es una emoción impregnada de inteligencia. Y, sin embargo, es mucho más sensible que la del uso popular, más ligada al oído. Hay una atención total a los sonidos efectivamente emitidos. En cambio, la mayoría percibe la música o la pintura a través de una selección o resumen, extrayendo los elementos que puede utilizar y descartando el resto. Así como la primera exigencia de un cuadro es «Mira», la primera exigencia de una obra musical es «Escucha». El compositor puede empezar emitiendo una «melodía» que podría silbarse. Pero lo que importa no es si nos gusta esa melodía. Esperemos. Prestemos atención. Veamos qué está haciendo con ella.

Sin embargo, la música me plantea un problema que no encuentro en el caso de la pintura. Por más que lo intento, no logro librarme de la sensación de que, al margen del tratamiento que reciben por parte del compositor y al margen de la forma en que se los ejecuta, ciertos aires simples son intrínsecamente abominables y repulsivos. Pienso en algunas canciones e himnos populares. Si esta sensación no es infundada, indicaría que en el caso de la música puede existir el mal gusto en sentido positivo: indicaría que puede disfrutarse con lo malo por su sola calidad de tal. Sin embargo, quizá esto solo se deba a que mi formación musical es incompleta. Quizá el hecho de que ciertos aires creen un clima emocional propicio para el contoneo vulgar o para el llanto por la propia desdicha me abrume hasta el punto de impedirme escucharlos como formas neutras, susceptibles de una utilización correcta. Prefiero que sean los verdaderos músicos quienes decidan si un gran compositor puede valerse de cualquier melodía, por odiosa que sea (sin excluir siquiera *Home Sweet Home*), para crear una buena sinfonía.

Afortunadamente, esta cuestión puede quedar en suspenso. En líneas generales, la semejanza entre los usos populares de la música y de la pintura es bastante estrecha. Ambos consisten en «usar» más que en «recibir». Ambos consisten en precipitarse a hacer cosas con la obra de arte en lugar de esperar a que esta haga algo a quienes la perciben. Así, gran parte de lo que realmente aparece en la tela, o en la ejecución de la obra musical, queda descartado, descartado porque no es «utilizable». Si la obra carece de elementos aptos para esa utilización —si la sinfonía carece de melodías pegadizas, si el cuadro representa cosas que no interesan a la mayoría— se la rechaza en su totalidad. Ninguna de estas reacciones es censurable de por sí; pero tanto una como otra impiden que la persona alcance una experiencia plena de la música o de la pintura.

El uso que la minoría y la mayoría hacen de las obras pictóricas y musicales

En ambas artes, cuando los jóvenes inician la transición desde la mayoría hacia la minoría, puede producirse un error ridículo pero, por suerte, pasajero. El joven que acaba de descubrir en la música una posibilidad de deleite mucho más duradero que el que proporcionan las melodías pegadizas puede atravesar una etapa en el transcurso de la cual la simple aparición de una melodía de ese tipo baste para convencerlo de la «vulgaridad» de toda la obra. Paralelamente, un joven que se encuentre en esa etapa desdeñará por «sentimental» cualquier cuadro cuyo tema despierte de inmediato las emociones comunes del alma humana. Es como si, una vez que hemos descubierto que la comodidad no es la única virtud que cabe esperar de una casa, concluyésemos que ninguna casa cómoda puede tener valor arquitectónico.

He dicho que se trata de un error pasajero. Quiero decir que lo es en las personas que realmente aprecian la música o la pintura. Porque los buscadores de prestigio y los devotos de la cultura pueden persistir en él.

4
CÓMO LEE EL MAL LECTOR

Es FÁCIL ESTABLECER un contraste entre la apreciación puramente musical de una sinfonía y la actitud de aquellas personas para quienes su audición es tan solo, o sobre todo, un punto de partida para alcanzar cosas tan inaudibles (y por lo tanto, tan poco musicales) como las emociones y las imágenes visuales. En cambio, en el caso de la literatura nunca puede haber una apreciación puramente literaria similar a la que permite la música. Todo texto literario es una secuencia de palabras y los sonidos (o sus equivalentes gráficos) son palabras en la medida en que a través de ellos la mente alcanza algo que está más allá. Ser una palabra significa precisamente eso. Por tanto, aunque atravesar los sonidos musicales para llegar a algo inaudible y no musical pueda ser una mala manera de abordar la música, atravesar las palabras para llegar a algo no verbal y no literario no es una mala manera de leer. Es, simplemente, leer. Si no, deberíamos decir que leemos cuando dejamos que nuestros ojos se paseen por las páginas de un libro escrito en una lengua que desconocemos, y podríamos leer a los poetas franceses sin necesidad de aprender el francés. Lo único que exige la primera nota de una sinfonía es que solo prestemos atención a ella. En cambio la primera palabra de la *Ilíada* dirige nuestra mente hacia la ira: hacia algo que conocemos al margen del poema, e incluso al margen de la literatura.

Con esto no quiero prejuzgar acerca de la discusión entre quienes afirman que «un poema no debería significar sino ser» y quienes lo niegan. Sea o no esto cierto del poema, no cabe duda de que las palabras que lo integran deben significar. Una palabra que solo «fuese», y que no «significase», no sería una palabra. Esto vale incluso para la poesía sin sentido. En su contexto, *boojum* no es un mero ruido. Si interpretásemos el verso de Gertrude Stein *a rose is a rose* («una rosa es una rosa») como *arose is arose* («surgió es surgió»), ya no sería el mismo verso.

Cada arte es el mismo y no cualquier otro arte. Por tanto, todo principio general que descubramos deberá tener una forma específica de aplicación en cada una de las artes. Lo que ahora nos interesa es descubrir cómo se aplica correctamente a la lectura la distinción que hemos establecido entre usar y recibir. ¿Qué actitud del lector carente de sensibilidad literaria corresponde a la concentración exclusiva del oyente sin sensibilidad musical en la «melodía principal», y al uso que este hace de ella? Para averiguarlo podemos guiarnos por el comportamiento de esos lectores. A mi entender, este presenta las siguientes características:

Cómo lee el mal lector

1. Nunca, salvo por obligación, leen textos que no sean narrativos. No quiero decir que todos lean obras de narrativa. Los peores lectores son aquellos que viven pegados a «las noticias». Día a día, con apetito insaciable, leen acerca de personas desconocidas que, en lugares desconocidos y en circunstancias que nunca llegan a estar del todo claras, se casan con (o salvan, roban, violan o asesinan a) otras personas igualmente desconocidas. Sin embargo, esto no los diferencia sustancialmente de la categoría inmediatamente superior: la de los lectores de las formas más rudimentarias de narrativa. Ambos desean leer acerca del mismo tipo de hechos. La diferencia consiste en que los primeros, como Mopsa en la obra de Shakespeare, quieren «estar seguros de que esos hechos son verdaderos». Ello se debe a que es tal su ineptitud literaria que les resulta imposible considerar la invención una actividad lícita o tan siquiera posible. (La historia de la crítica literaria muestra que Europa tardó siglos en superar esta barrera):

2. No tienen oído. Solo leen con los ojos. Son incapaces de distinguir entre las más horribles cacofonías y los más perfectos ejemplos de ritmo y melodía vocálica. Esta falta de discernimiento es la que nos permite descubrir la ausencia de sensibilidad literaria en personas que por lo demás ostentan una elevada formación. Son capaces de escribir «la relación entre la mecanización y la nacionalización» sin que se les mueva un pelo.

3. Su inconsciencia no se limita al oído. Tampoco son sensibles al estilo, e incluso llegan a preferir libros que nosotros consideramos mal escritos. Hagamos la prueba y ofrezcamos a un lector de doce años sin sensibilidad literaria (no todos los muchachitos de esa edad carecen de ella) *La isla del tesoro* a cambio de la historieta de piratas que constituye su dieta habitual; o bien, a un lector de la peor clase de ciencia ficción *Los primeros hombres en la luna* de Wells. A menudo nos llevaremos una desilusión. Al parecer les estaremos ofreciendo el tipo de cosas que les gustan, pero mejor hechas: descripciones que realmente describen, diálogos bastante verosímiles, personajes claramente imaginables. Picotearán un poco aquí y allá, y enseguida lo dejarán de lado. Ese tipo de libro contiene algo que los desconcierta.

4. Les gustan las narraciones en las que el elemento verbal se reduce al mínimo: «tiras» donde la historia se cuenta en imágenes, o filmes con el menor diálogo posible.

5. Lo que piden son narraciones de ritmo rápido. Siempre debe estar «sucediendo» algo. Sus críticas más comunes se refieren a la «lentitud», al «detallismo», etc., de las obras que rechazan.

No es difícil descubrir el origen de todo esto. Así como el oyente que no sabe escuchar música solo se interesa por la melodía, el lector sin sensibilidad literaria solo se interesa por los hechos. El primero descarta casi todos los sonidos que la orquesta produce realmente: lo único que quiere es tararear la melodía. El segundo descarta casi todo lo que hacen las palabras que tiene ante sus ojos: lo único que quiere es saber qué sucedió después. Solo lee relatos porque únicamente en ellos puede encontrar hechos. Es sordo para el aspecto auditivo de lo que lee porque el ritmo y la melodía no le sirven para descubrir quién se casó con (o salvó, robó, violó o asesinó a) quién. Le gustan las «tiras» y los filmes donde casi no se habla porque en ellos nada se interpone entre él y los hechos. Y les gusta la rapidez porque en un relato muy rápido solo hay hechos. Sus preferencias estilísticas requieren un comentario más extenso. Podría parecer que se tratase en este caso de un gusto por lo malo como tal, por lo malo en virtud de su maldad. Sin embargo, creo que no es así.

Tenemos la impresión de que nuestro juicio sobre el estilo de una persona, palabra por palabra y oración por oración, es instantáneo. Sin embargo, siempre es posterior, por infinitesimal que sea el intervalo, al efecto que las palabras y las oraciones producen en nosotros. Cuando leemos en Milton la expresión «sombra escaqueada» en seguida imaginamos cierta distribución de las luces y de las sombras, que se nos aparece con una intensidad e inmediatez desacostumbradas, produciéndonos placer. Por tanto, concluimos que la expresión «sombra escaqueada» es un ejemplo de buen estilo. El resultado demuestra la excelencia de los medios utilizados. La claridad del objeto demuestra la calidad de la lente con que lo miramos. Si, en cambio, leemos el pasaje del final de *Guy Mannering*,[3] donde el héroe contempla el cielo y ve los planetas «rodando en su líquida órbita de luz», la imagen de los planetas rodando ante los ojos, o de las órbitas visibles, es tan ridícula que ni siquiera intentamos construirla. Aunque interpretásemos que *órbitas* no es el término deseado, sino *orbes*, la cosa no mejoraría, porque a simple vista los planetas no son orbes o esferas, ni siquiera discos. Lo único que encontramos es confusión. Por tanto, decimos que ese pasaje de Scott está mal escrito. La lente es mala porque no podemos ver a través de ella. Análogamente, cada oración que leemos proporciona o no satisfacción a nuestro oído interior. Sobre la base de esta experiencia declaramos que el ritmo del autor es bueno o malo.

Cabe señalar que todas las experiencias en que se basan nuestros juicios dependen de que tomemos en serio las palabras. Si no prestamos plena atención tanto al sonido como al sentido, si no estamos sumisamente dispuestos a concebir, imaginar y sentir lo que las palabras nos sugieren, seremos incapaces de tener esas experiencias. Si no tratamos realmente de mirar la lente, no podremos descubrir si esta es buena o mala. Nunca podremos saber si un texto es malo, a menos que hayamos empezado por tratar de leerlo como si fuese bueno, para luego descubrir que con ello el autor estaba recibiendo un cumplido que no merecía. En cambio, el mal lector nunca está dispuesto a prodigar a las palabras más que el mínimo de atención que necesita para extraer del texto los hechos. La mayoría de las cosas que proporciona la buena literatura —y que la mala no proporciona— son cosas que ese lector no desea y con las que no sabe qué hacer. Por eso no valora el buen estilo. Por eso, también, prefiere el mal estilo. Los dibujos de las «tiras» no necesitan ser buenos: si lo fuesen, su calidad constituiría incluso un obstáculo. Porque cualquier persona u objeto ha de poder reconocerse en ellos de inmediato y sin esfuerzo. Las figuras no están para ser examinadas en detalle, sino para ser comprendidas como proposiciones; apenas se diferencian de los jeroglíficos. Pues bien: la función que desempeñan las palabras para el mal lector es más o menos esa. Para él, la mejor expresión de un fenómeno o de una emoción (las emociones pueden formar parte de los hechos) es el cliché más gastado: porque permite un reconocimiento inmediato. «Se me heló la sangre» es un jeroglífico que representa el miedo. Lo que un gran escritor haría para tratar de expresar la singularidad de *determinado* miedo supone un doble obstáculo para este tipo de lector. De una parte, se le ofrece algo que no le interesa. De la otra, eso solo se le ofrece si está dispuesto a dedicar a las palabras una clase y un grado de atención que no desea prodigarles. Es como si alguien tratase de vendernos algo que no nos sirve a un precio que no queremos pagar.

El buen estilo le molestará porque es demasiado parco para lo que le interesa, o bien porque es demasiado rico. En un pasaje de D. H. Lawrence donde se describe un paisaje boscoso —o en otro de Ruskin, que describe un valle rodeado de montañas— encontrará muchísimo más de lo que es capaz de utilizar. Pero quedará insatisfecho con el siguiente pasaje de Malory: «Llegó ante un castillo grande y espléndido, con una poterna hacia el mar, que estaba abierta y sin guardia; en la entrada solo había dos leones, y la luna brillaba».[4] Tampoco estaría satisfecho si en lugar de: «Se me heló la sangre» leyese: «Tenía un miedo terrible». Para la imaginación del buen lector, este tipo de enunciación escueta de los hechos suele ser más evocativa. Pero el malo no se conforma con que la luna brille. Preferiría que le dijeran que el castillo estaba «sumido en el plateado diluvio de la luz lunar». Esto se explica en parte por la escasa atención que presta a las palabras. Si algo no se destaca, si el autor no lo «adereza», lo más probable es que pase inadvertido. Pero lo decisivo es que busca el jeroglífico: algo que desencadene sus reacciones estereotipadas ante la luz de la luna (desde luego, tal como aparece en los libros, las canciones y los filmes; creo que los recuerdos del mundo real son muy tenues e influyen apenas en su lectura). Por tanto, su manera de leer adolece paradójicamente de dos defectos. Carece de la imaginación atenta y obediente que le habría permitido utilizar cualquier descripción completa y detallada de una escena o de un sentimiento. Y, de otra parte, también le falta la imaginación fecunda, capaz de construir (en el momento) la escena basándose en los meros hechos. Por tanto, lo que pide es un decoroso simulacro de descripción y análisis, que no requiera una lectura atenta, pero que baste para hacerle sentir que la acción no se desarrolla en el vacío: algunas referencias vagas a los árboles, la sombra y la hierba, en el caso de un bosque; o alguna alusión al ruido de botellas destapadas y a mesas desbordantes, en el caso de un banquete. Para esto, nada mejor que los *clichés*. Este tipo de pasajes le impresionan tanto como el telón de fondo al aficionado al teatro: nadie le presta realmente atención, pero todos notarían su ausencia si no estuviera allí. Así pues, el buen estilo casi siempre molesta, de una manera u otra, a este tipo de lector. Cuando un buen escritor nos lleva a un jardín suele darnos una imagen precisa de ese jardín particular en ese momento particular —descripción que no necesita ser larga, pues lo importante es saber seleccionar—, o bien se limita a decir: «Fue en el jardín, por la mañana temprano». Al mal lector no le gusta una cosa ni la otra. Lo primero le parece mero «relleno»: quiere que el autor «se deje de rodeos y vaya al grano». Lo segundo le espanta como el vacío: allí su imaginación no puede respirar.

Hemos dicho que el interés de este tipo de lector por las palabras es tan reducido que su uso de ellas dista mucho de ser pleno. Pero conviene señalar la existencia de un tipo diferente de lector, que se interesa muchísimo más por ellas, si bien no de la manera correcta. Me refiero a los que llamo «fanáticos del estilo». Cuando toman un libro, estas personas se concentran en lo que llaman su «estilo» o su «lenguaje». El juicio que este les merece no se basa en sus cualidades sonoras ni en su capacidad expresiva, sino en su adecuación a ciertas reglas arbitrarias. Para ellos, leer es una caza de brujas permanentemente dirigida contra los americanismos, los galicismos, las oraciones que acaban con una preposición y la inserción de adverbios en los infinitivos. No se preguntan si el americanismo o el galicismo en cuestión enriquece o empobrece la expresividad de nuestra lengua.

Tampoco les importa que los mejores hablantes y escritores ingleses lleven más de un milenio construyendo oraciones acabadas con preposiciones. Hay muchas palabras que les desagradan por razones arbitrarias. Una es «una palabra que siempre han odiado»; otra «siempre les sugiere determinada cosa». Esta es demasiado común; aquella, demasiado rara. Son las personas menos cualificadas para opinar sobre el estilo, porque jamás aplican los únicos dos criterios realmente pertinentes: los que solo toman en cuenta (como diría Dryden) su aspecto «sonante y significante». Valoran el instrumento por cualquiera de sus aspectos menos por su idoneidad para realizar la función que se le ha asignado; tratan la lengua como algo que «es», no como algo que «significa»; para criticar la lente *la* miran en lugar de mirar *a través* de ella. Se ha dicho muchas veces que la ley sobre la obscenidad literaria se aplicaba exclusivamente contra determinadas palabras, y que los libros no se prohibían por su intención, sino por su vocabulario; de manera que un escritor podía administrar sin trabas a su público los afrodisíacos más poderosos siempre y cuando fuese capaz —¿qué escritor competente no lo es?— de evitar los vocablos interdictos. Los criterios del fanático del estilo son tan ineficaces —aunque por otra razón— como los de esa ley; equivocan su objetivo de la misma manera. Si la mayoría de las personas son iliteratas, él es «antiliterato». Crea en la mente de esas personas (que, por lo general, han tenido que soportarlo en la escuela) una aversión hasta por la palabra *estilo*, y una profunda desconfianza por todo libro del que se diga que está bien escrito. Si *estilo* es lo que aprecia el fanático del estilo, entonces esa aversión y esa desconfianza están totalmente justificadas.

Como ya he dicho, el oyente que no sabe escuchar música selecciona la melodía principal; la utiliza para tararearla o silbarla, y para entregarse a ensoñaciones emocionales e imaginativas. Por supuesto, las melodías que más le gustan son las que más se prestan a ese tratamiento. Del mismo modo, el mal lector selecciona los hechos, «lo que sucedió». Los tipos de hechos que más le gustan concuerdan con la forma en que los utiliza. Podemos distinguir tres tipos principales. Le gusta lo «emocionante»: los peligros inminentes y los escapes por un tris. El placer consiste en la permanente excitación y distensión de la ansiedad (indirecta). El hecho de que existan jugadores demuestra que muchas personas encuentran placer incluso a través de la ansiedad real, o, al menos, que esta es un ingrediente necesario de la actividad placentera. La popularidad de que gozan las demostraciones de los rompecoches y otros espectáculos de ese tipo demuestra que la sensación de miedo, cuando va unida a la de un peligro real, es placentera. Las personas de espíritu más templado buscan el peligro y el miedo reales por mero placer. En cierta ocasión un montañero me dijo lo siguiente: «Una ascensión solo es realmente divertida si en algún momento uno jura que si logra bajar con vida jamás volverá a subir a una montaña». El hecho de que la persona que no sabe leer bien desee «emociones» no tiene nada de asombroso. Es un deseo que todos compartimos. A todos nos gusta estar pendientes de un final reñido.

En segundo lugar, le gusta que su curiosidad sea excitada, exacerbada y, finalmente, satisfecha. De ahí la popularidad de los relatos de misterio. Este tipo de placer es universal y, por tanto, no necesita explicación. A él se debe gran parte de la alegría que siente el filósofo, el científico o el erudito. Y también el cotilla.

En tercer lugar, le gustan los relatos que le permiten participar —indirectamente, a través de los personajes— del placer o la dicha. Esos relatos son de varios tipos. Pueden ser historias de amor, que, a su vez, pueden ser sensuales y pornográficas o sentimentales y edificantes. Pueden ser relatos cuyo tema sea el éxito en la vida: historias sobre la alta sociedad o, simplemente, sobre la vida de gente rica y rodeada de lujos. Será mejor no suponer que en cualquiera de estos casos el placer indirecto siempre es un sucedáneo del placer real. No solo las mujeres feas y no amadas leen historias de amor; no todos los que leen historias sobre éxitos son unos fracasados.

Distingo entre estas clases de historias por razones de claridad. De hecho, la mayoría de los libros solo pertenecen en su mayor parte, pero no por completo, a una u otra de dichas clases. Los relatos de emoción o de misterio suelen incluir —a menudo automáticamente— un «toque» de amor. La historia de amor, el idilio o el relato sobre la alta sociedad deben tener algún ingrediente de suspense y ansiedad, por trivial que sea.

Que quede bien claro que el lector sin sensibilidad literaria no lee mal porque disfrute de esta manera con los relatos, sino porque solo es capaz de hacerlo así. Lo que le impide alcanzar una experiencia literaria plena no es lo que tiene, sino lo que le falta. Bien podría haber hecho una cosa sin dejar de hacer las otras. Porque hay buenos lectores que también disfrutan de esa manera cuando leen buenos libros. A todos se nos corta la respiración mientras el Cíclope tantea el cuerpo del carnero que transporta a Ulises, y nos preguntamos cómo reaccionará Fedra (e Hipólito) ante el inesperado regreso de Teseo, o cómo influirá la deshonra de la familia Bennet sobre el amor de Darcy por Elizabeth. Nuestra curiosidad se excita muchísimo cuando leemos la primera parte de *Confesiones de un pecador justificado*, o al enterarnos del cambio de conducta del general Tilney. Deseamos intensamente poder descubrir quién es el desconocido benefactor de Pip en *Grandes esperanzas*. Cada estrofa de *The House of Busirane* de Spenser estimula nuestra curiosidad. En cuanto al goce indirecto de la dicha imaginada, la mera existencia del género pastoril le asegura un puesto respetable en la literatura. Y en los demás géneros, si bien no exigimos que todo relato tenga un final feliz, cuando este se produce, y encaja bien y está bien hecho, disfrutamos, sin duda, de la dicha de los personajes. Estamos dispuestos incluso a disfrutar indirectamente de la realización de deseos totalmente irrealizables, como los de la escena de la estatua en *Cuento de invierno*; porque ¿hay acaso deseo más irrealizable que el de que resucite la persona a quien hemos tratado con crueldad e injusticia, y que esta nos perdone, y que «todo vuelva a ser como antes»? Quienes solo buscan en la lectura esa felicidad indirecta son malos lectores; pero se equivocan quienes afirman que el buen lector nunca puede gozar también de ella.

5
SOBRE EL MITO

ANTES DE SEGUIR avanzando debo desviarme para aclarar un posible malentendido suscitado por el capítulo precedente. Compárense los siguientes textos:

1. Había un hombre que cantaba y tocaba el arpa tan bien que hasta los animales y los árboles se apiñaban para oírlo. Cuando su esposa murió, descendió vivo al país de los muertos y tocó ante el Rey de los Muertos hasta que este se apiadó de él y le devolvió a su mujer, con la condición de que la sacase de allí sin volverse en ningún momento para mirarla antes de que llegaran a la luz. Pero cuando ya casi estaban fuera, por un brevísimo instante, el hombre miró hacia atrás, y la perdió para siempre.

2. «Alguien está ausente durante muchos años; Poseidón sigue estrechamente sus pasos, y el héroe está solo; en su casa las cosas están de tal modo perturbadas que su hacienda es dilapidada por los pretendientes, y su hijo, objeto de una conjura. Llega, por fin, maltrecho a su hogar; se da a conocer, ataca a sus enemigos; él se salva y logra eliminarlos». (Así resume Aristóteles la *Odisea* en su *Poética* - 1455b).

3. Imaginemos —porque, sin duda, no lo escribiré— un resumen igualmente sucinto de *Barchester Towers*, de *Middlemarch* o de *La feria de las vanidades*; o bien de alguna obra mucho más breve, como *Michael* de Wordsworth, *Adolphe* de Constant u *Otra vuelta de tuerca*.

A pesar de su exigüidad, el primer resumen, escrito sin escoger mayormente las palabras, produciría —creo— una impresión muy intensa en cualquier persona sensible que lo leyese sin conocer antes la historia. En cambio, la lectura del segundo sería mucho menos satisfactoria. Aunque se vea que con esa trama podría escribirse una buena historia, el resumen por sí solo no constituye una buena historia. En cuanto al tercero, el que no he escrito, salta a la vista que sería inútil: no solo para dar una idea del libro en cuestión, sino también por sí solo: aburrido, insoportable, ilegible.

Por tanto, hay un tipo particular de historia que tiene un valor en sí misma, independientemente de su inserción en cualquier obra literaria. La historia de Orfeo impresiona, impresiona muchísimo, por sí sola; el hecho de que Virgilio y otros autores la hayan contado en buenos versos es secundario. Pensamos en ella y nos emociona sin pensar necesariamente en esos poetas ni emocionarnos con sus versos. Sin duda, esa historia solo puede llegarnos a través de palabras. Pero esto es accidental, en el sentido lógico. Si existiera alguna mímica perfeccionada, algún filme mudo o alguna serie de imágenes capaces de explicarla sin recurrir

Sobre el mito

en ningún momento a la palabra, seguiría afectándonos de la misma manera.

Cabe esperar, quizá, que esta cualidad extraliteraria también exista en el caso de las tramas de las historias de aventuras más rudimentarias, escritas para quienes solo se interesan por los hechos. Sin embargo, no sucede así. Es imposible quitárselos de encima proporcionándoles solo un resumen en lugar de toda la historia. Solo les interesan los hechos, pero estos solo pueden llegarles si están «aderezados». Además, las más sencillas de sus historias son demasiado complicadas para que se puedan resumir de forma legible; en ellas suceden demasiadas cosas. En cambio, las historias a las que me estoy refiriendo tienen una forma narrativa muy simple: una forma satisfactoria e inevitable, como la de un buen jarrón o un tulipán.

Es difícil dar a tales historias otro nombre que el de mitos, pero esta denominación es en muchos sentidos inadecuada. En primer lugar, recordemos que la palabra griega *mythos* no designa específicamente este tipo de historias, sino cualquier historia. En segundo lugar, no todas las historias que el antropólogo clasificaría como mitos poseen la cualidad que me interesa analizar. Cuando hablamos de mitos —como cuando hablamos de baladas—, solemos pensar en los mejores especímenes y olvidar los restantes. Si examinamos pacientemente todos los mitos de determinado pueblo, la mayoría nos dejarán perplejos. Al margen de lo que hayan podido significar para los antiguos o para los salvajes, los encontraremos absurdos y chocantes. Chocantes no solo por su crueldad y obscenidad, sino también por su aparente estupidez, casi como las historias de los locos. De esa maleza sórdida y vulgar emergen como olmos los grandes mitos: el de Orfeo, el de Deméter y Perséfone, el de las Hespérides, el de Balder, el de Ragnarok, o el de Ilmarinen forjador de los *sampo*. En cambio, ciertas historias que no son mitos en el sentido antropológico, pues han sido inventadas por individuos pertenecientes a períodos totalmente civilizados, poseen lo que yo llamaría «cualidad mítica». Es el caso de las tramas de *El doctor Jekyll y el señor Hyde*, *La puerta en la muralla* de Wells o *El castillo* de Kafka. También la posee el personaje de Gormenghast en *Titus Groan* de Peake, o los Ents y los Lothlorien de *El señor de los anillos* del profesor Tolkien.

A pesar de estos inconvenientes, como mi única alternativa sería acuñar un nuevo término, utilizaré la palabra *mito*, porque me parece un mal menor. Quienes leen para comprender —me tienen sin cuidado los fanáticos del estilo— tomarán la palabra en el sentido que yo le doy. En este libro, un mito es una historia que tiene las características que enumero a continuación.

1. Es extraliteraria, en el sentido que ya he indicado. Quienes han accedido al mismo mito a través de Natalis Comes, de Lemprière, de Kingsley, de Hawthorne, de

Sobre el mito

Robert Graves o de Roger Green comparten la misma experiencia mítica; se trata de un contenido significativo, no de un mero máximo común divisor. En cambio, quienes han accedido a la misma historia a través de *Romeus* de Brook y del *Romeo* de Shakespeare solo comparten un máximo común divisor, que en sí mismo carece de valor.

2. El placer que depara el mito no depende en modo alguno de recursos narrativos como el suspense o la sorpresa. Ya la primera vez que lo escuchamos nos parece inevitable. El principal valor de esa primera experiencia consiste en el contacto con un objeto inagotable de contemplación —más parecido a una cosa que a un relato— que influye en nosotros por su sabor o cualidad peculiar, casi como una fragancia o un acorde. A veces, ya esa primera experiencia prescinde de todo elemento narrativo. No puede decirse que haya una historia en la idea de que Ragnarok se cierne tanto sobre la vida de los dioses como sobre la de todos los hombres buenos. Las Hespérides, su manzano y el dragón constituyen de por sí un mito poderoso, antes de que aparezca Hércules para robar las manzanas.

3. En el caso de los mitos, la identificación desempeña un papel muy reducido. Apenas puede decirse que nos proyectemos en los personajes. Son como espectros que se mueven en otro mundo. Sin duda, sentimos que sus evoluciones tienen una importancia profunda para nuestras vidas, pero no nos proyectamos con la imaginación en las suyas. La

historia de Orfeo nos entristece, pero sentimos pena por todos los hombres en lugar de apiadarnos intensamente de él (como nos sucede, por ejemplo, con el *Troilo* de Chaucer).

4. El mito siempre es «fantástico», en una de las acepciones de esta palabra. Trata de cosas imposibles y sobrenaturales.

5. Las experiencias que comunica pueden ser tristes o alegres, pero siempre son serias. El mito cómico (en el sentido que doy a la palabra «mito») es imposible.

6. Esas experiencias no solo son serias: además, nos infunden un temor reverencial. Sentimos la presencia de lo numinoso. Es como si se nos comunicara algo trascendente.

El hecho de que la humanidad nunca haya dejado de forjar explicaciones alegóricas para los mitos revela los reiterados esfuerzos de la mente por tratar de aferrar —sobre todo mediante conceptos— ese algo que nos transmiten. Y una vez ensayadas todas las alegorías, seguimos sintiendo que el mito es más importante que cualquiera de ellas.

Estoy describiendo los mitos, no explicando su existencia. No me interesa en absoluto averiguar las causas de su aparición, determinar si constituyen una manifestación primitiva de la ciencia, restos fósiles de los ritos, invenciones de los hechiceros o afloraciones del inconsciente individual o colectivo. Lo que me interesa es su efecto en la imaginación consciente de mentes similares a las nuestras, no su hipotético efecto en mentes prelógicas ni su prehistoria en el inconsciente. Porque solo el

Sobre el mito

primero se puede observar directamente o puede situarse a tiro de los estudios literarios. Cuando hablo de los sueños, me refiero, y solo puedo referirme, a los sueños tal y como los recordamos al despertar. Análogamente, cuando hablo de los mitos, me refiero a los mitos tal como podemos experimentarlos: o sea, a los mitos no creídos sino contemplados, presentes ante la imaginación plenamente despierta de una mente lógica. Solo me ocupo de la parte del iceberg que aparece en la superficie; solo ella tiene belleza, solo ella es un objeto de contemplación. Sin duda, debajo hay muchas otras cosas. El deseo de investigar esa parte sumergida está plenamente justificado desde el punto de vista científico. Pero me temo que ese estudio resulta atractivo, al menos en parte, como consecuencia del mismo impulso que explica la invención de las explicaciones alegóricas de los mitos. Es un esfuerzo más por aferrar, por atrapar con conceptos ese contenido trascendente que parecen transmitirnos.

Como defino los mitos por el efecto que ejercen en nosotros, es evidente que considero que la misma historia puede ser un mito para una persona y no serlo para otra. Este sería un defecto fatal si mi intención fuera proporcionar unos criterios para distinguir entre las historias míticas y las no míticas. Pero no es ese mi propósito. Lo que me interesa son las maneras de leer; y eso justifica la presente digresión sobre los mitos.

La persona que accede por primera vez a un mito mediante un relato pobre, vulgar o cacofónicamente escrito, deja de lado y no presta atención al mal estilo para concentrarse solo en la significación que descubre en el mito. Apenas piensa en el estilo. Está contenta de tener el mito, sea cual sea su expresión verbal. Ahora bien: ¿no es eso exactamente lo que —como he dicho en el capítulo precedente— hace el mal lector? Ambos prestan el mínimo de atención a las palabras, ambos se concentran en los hechos. Sin embargo, incurriríamos en un grave error si identificáramos al amante de los mitos con la masa de los malos lectores.

La diferencia consiste en que, aunque el procedimiento sea el mismo, uno lo aplica donde corresponde y donde es fructífero, y los otros donde no lo es. El valor del mito no es un valor específicamente literario, y otro tanto sucede con la apreciación del mito, que no es una verdadera experiencia literaria. El que lo aborda no espera —o no cree— que se trate de un buen material de lectura: solo aporta información. Para lo que le interesa, sus méritos o defectos literarios importan casi tanto como los de un horario o un libro de cocina. Desde luego, puede suceder que las palabras usadas para transmitir el mito configuren por sí solas una exquisita obra literaria, como la prosa de los Edda. Si el lector es una persona cultivada —y casi siempre lo es—, disfrutará apreciando los valores específicamente literarios de la obra. Sin embargo, una cosa es este placer literario y

Sobre el mito

otra la apreciación del mito; así como el goce pictórico que nos depara *El nacimiento de Venus* de Botticelli es distinto de cualquier reacción que podamos tener ante el mito exaltado en ese cuadro.

Por su parte, las personas carentes de formación literaria se sientan a «leer un libro». Entregan al autor el dominio de sus fantasías. Pero esa entrega no es auténtica. Muy poco pueden hacer por sí solas. Para que algo atraiga su atención, debe estar destacado, «aderezado», y vestido con el correspondiente cliché. Pero, al mismo tiempo, no saben qué significa obedecer a las palabras. En cierto sentido, se comportan con más criterio literario que la persona que busca, y aprecia, un mito a través del escueto resumen de un diccionario clásico: porque se ciñen al libro y dependen totalmente de él. Pero también van demasiado deprisa, y discriminan demasiado poco, para poder utilizar los elementos que un buen libro les ofrece. Son como los alumnos que quieren que todo se les explique y que después casi no atienden a la explicación. Aunque se concentren, como el amante de los mitos, en los hechos, se trata de un tipo distinto de hechos y de un tipo distinto de concentración. Mientras que uno será capaz de emocionarse con el mito durante toda la vida, los otros olvidarán para siempre los hechos una vez extinguida la emoción momentánea, y satisfecha la curiosidad momentánea. Y con toda razón, pues el tipo de hechos que valoran carece de interés duradero para la imaginación.

En pocas palabras: el comportamiento del amante de los mitos es extraliterario, mientras que el de los malos lectores es aliterario. El primero extrae de los mitos lo que estos ofrecen. Los segundos solo extraen de lo que leen una décima o una quincuagésima parte de lo que se les ofrece.

Como ya hemos dicho, una historia puede ser más o menos mítica según la persona que la lea o escuche. De esto se desprende un corolario muy importante. Nunca debemos suponer[5] que sabemos exactamente qué es lo que sucede cuando otra persona lee un libro. Porque es indudable que el mismo libro puede ser solo una «historieta» emocionante para una y transmitir un mito, o algo de similar calidad, para otra. La lectura de las obras de Rider Haggard es especialmente ambigua en este sentido. Si vemos a dos chicos leyendo novelas de este autor, no debemos concluir que ambos tienen la misma experiencia. Uno solo está pendiente del peligro que corren los héroes; el otro quizá sienta lo «pavoroso». Mientras el primero sigue leyendo movido por la curiosidad, el otro quizá se detenga pasmado. Para el que solo se interesa por las cacerías de elefantes y los naufragios, estos pueden ser tan buenos como el elemento mítico —pues son igualmente «emocionantes»—, y el entretenimiento que encuentra en las novelas de Haggard puede ser similar al que le brindan las de John Buchan. En cuanto al otro chico, el amante de los mitos, si además posee sensibilidad literaria, no tardará en descubrir que Buchan es

Sobre el mito

un escritor muy superior; pero no por ello dejará de advertir que los libros de Haggard le permiten acceder a algo que nada tiene que ver con la mera emoción. Cuando lee a Buchan se pregunta: «¿Logrará escapar el héroe?». Cuando lee a Haggard piensa: «Nunca escaparé a esto. Esto nunca se me escapará. Estas imágenes han echado raíces en lo más profundo de mi mente».

Por tanto, la similitud que en cuanto al método se observa entre la lectura del mito y la que suele practicar el individuo carente de sensibilidad literaria es solo superficial. Se trata de dos tipos diferentes de personas. He encontrado lectores con sensibilidad literaria, pero incapaces de apreciar el mito; en cambio, nunca he encontrado malos lectores que fueran capaces de ese deleite. Estos últimos pueden aceptar historias que nos parecen excesivamente improbables porque la descripción psicológica, la situación social presentada y los vuelcos de la suerte son inverosímiles. Sin embargo, no están dispuestos a aceptar lo que se reconoce como imposible y sobrenatural. «No pudo haber sucedido realmente», dicen, y dejan de lado el libro. Lo consideran «tonto». De modo que, si bien algo que podríamos llamar «fantasía» desempeña un papel muy importante en su experiencia de lectura, rechazan sistemáticamente todo lo fantástico. Pero esta distinción me está indicando que, para poder ahondar más en sus preferencias, necesitamos definir ciertos términos.

6

LOS SIGNIFICADOS DE «FANTASÍA»

LA PALABRA «FANTASÍA» es un término tanto literario como psicológico. En sentido literario designa toda narración que trata de cosas imposibles y sobrenaturales. *La balada del viejo marinero*, *Los viajes de Gulliver*, *Erewhon*, *El viento en los sauces*, *The Witch of Atlas*, *Jurgen*, *La olla de oro*, la *Vera Historia*, *Micromegas*, *Planilandia* y las *Metamorfosis* de Apuleyo son fantasías. Desde luego, se trata de obras muy heterogéneas, tanto por el espíritu que las anima como por la intención con que han sido escritas. Lo único que tienen en común es lo fantástico. A este tipo de fantasía la llamaré «fantasía literaria».

En sentido psicológico, el término «fantasía» tiene tres acepciones.

1. Una construcción imaginaria que de una u otra manera agrada al individuo, y que este confunde con la realidad. Una mujer imagina que alguna persona famosa está enamorada de ella. Un hombre cree que es el hijo perdido de unos padres nobles y ricos, y que pronto será descubierto, reconocido y cubierto de lujos y honores. Los acontecimientos

más triviales son tergiversados, a menudo con mucha habilidad, para confirmar la creencia secretamente alimentada. No necesito forjar un término especial para designar este tipo de fantasía, porque no volveremos a mencionarla. Salvo accidente, el delirio carece de interés literario.

2. Una construcción imaginaria y placentera que el individuo padece en forma constante, pero sin confundirla con la realidad. Sueña despierto —sabiendo que se trata de una ensoñación— e imagina triunfos militares o eróticos, se ve como un personaje poderoso, grande o simplemente famoso, cuya imagen surge siempre igual o bien va cambiando a lo largo del tiempo, hasta convertirse en su principal consuelo y en su casi único placer. Tan pronto como se siente liberado de las necesidades de la vida se retira hacia «ese invisible desenfreno de la mente, esa secreta prodigalidad del ser». Las cosas reales, incluso las que agradan a los otros hombres, le parecen cada vez más desabridas. Se vuelve incapaz de luchar por la conquista de cualquier tipo de felicidad que no sea puramente imaginaria. El que sueña con riquezas ilimitadas no ahorrará cinco monedas. El Don Juan imaginario no se tomará el trabajo de intentar agradar normalmente a ninguna mujer que se le cruce. Se trata de la forma *patológica* de la actividad que llamo «hacer castillos en el aire».

3. Esa misma actividad, pero practicada con moderación y durante breves períodos, como recreación o vacación

Los significados de «fantasía»

pasajera, y debidamente subordinada a actividades más efectivas y más sociales. Quizá sea innecesario preguntarse si un ser humano podría ser tan cuerdo como para prescindir de esta actividad durante toda su vida: de hecho, nadie lo es. Y ese tipo de ensoñaciones no siempre se extinguen sin dejar huellas. Lo que hacemos efectivamente suele ser algo que hemos soñado hacer. Los libros que escribimos han sido alguna vez libros que, soñando despiertos, imaginamos que escribíamos... aunque, desde luego, nunca sean tan perfectos como aquellos. A esto también lo llamo «hacer castillos en el aire», pero no se trata ya de un fenómeno patológico, sino *normal*.

Este último tipo de actividad puede ser de dos clases y la diferencia entre ambas es muy importante. Una podemos calificarla de egoísta y la otra de desinteresada. En la primera, el soñador es siempre el héroe y todo se ve a través de sus ojos. Es él quien da las respuestas más agudas, cautiva a las mujeres más bellas, posee el yate transatlántico o es aclamado como el más grande de los poetas de su época. En la segunda, el soñador no es el héroe de su ensoñación e, incluso, puede estar ausente de ella. Así, un hombre que no puede ir a Suiza en la realidad es capaz de entretenerse soñando con unas vacaciones alpinas. Estará presente en la ficción, pero no como el héroe, sino como un mero espectador. Puesto que, si estuviese realmente en Suiza, su atención no se concentraría en él, sino en las montañas, al construir castillos en el aire su imaginación también se concentra en ellas. Pero a veces el soñador no figura para nada en su ensoñación. Probablemente haya muchas personas que, como yo, en las noches de insomnio, se entretienen pensando en paisajes imaginarios. Suelo remontar grandes ríos, desde los estuarios donde chillan las gaviotas, a través de sinuosas gargantas cada vez más estrechas y abruptas, hasta las fuentes en perdidos remansos del marjal donde apenas se escucha el débil tintineo de las aguas. Sin embargo, no me imagino explorándolo; ni siquiera me atribuyo el papel de un turista. Contemplo ese mundo desde fuera. Pero los niños suelen ir más lejos. Son capaces —en general, cuando se juntan— de imaginar todo un mundo, y de probarlo, permaneciendo, sin embargo, fuera de él. Pero para que ello sea posible no basta la mera ensoñación; eso ya es construcción, invención, *ficción*.

Así pues, si el soñador no carece por completo de talento, puede pasar con facilidad de la fantasía desinteresada a la invención literaria. Es posible, incluso, pasar de la ficción egoísta a la desinteresada, y de esta última a la ficción auténtica. Trollope nos cuenta en su autobiografía la génesis de sus novelas, surgidas de las fantasías más egoístas y compensatorias.

Sin embargo, lo que aquí nos interesa no es la relación entre construir castillos en el aire y escribir, sino la que existe entre esa actividad mental y la lectura. Ya he dicho que los

Los significados de «fantasía»

malos lectores sienten predilección por aquellas historias que les permiten disfrutar indirectamente, a través de los personajes, del amor, de la riqueza y del privilegio social. De hecho, lo que hacen es construir castillos en el aire, al modo egoísta, solo que dirigidos por el autor. Durante la lectura se identifican con el personaje que más envidian o más admiran; y es probable que al acabar el libro los triunfos y placeres que este les haya deparado sirvan de alimento para ulteriores fantasías.

A veces se piensa que las personas carentes de sensibilidad literaria siempre leen así y siempre realizan este tipo de identificación. Me refiero a la identificación capaz de proporcionarles, indirectamente, placeres, triunfos y honores. Sin duda, todo lector necesita identificarse de alguna manera con los personajes principales, ya se trate de héroes o villanos, ya le despierten envidia o desprecio. Debemos «congeniar», debemos entrar en los sentimientos de esos personajes, porque si no lo mismo daría que la historia de amor estuviese protagonizada por triángulos en lugar de por seres humanos. Sin embargo, sería injusto suponer que el único tipo de identificación posible es la que existe en la fantasía egoísta. Esto es falso incluso en el caso de los lectores sin sensibilidad literaria aficionados a la narrativa popular.

Por de pronto, a algunos de esos lectores les gustan las historias cómicas. No creo que ni ellos ni nadie desarrollen fantasía alguna cuando disfrutan con una broma. Sin duda, no deseamos *estar* en el lugar de Malvolio cuando queda enredado en las ligas o del señor Pickwick cuando cae al estanque. Podríamos decir: «Me gustaría haber estado allí para verlo», pero eso solo significa que, siendo —como somos— espectadores, desearíamos haber estado en el sitio que nos parece el mejor. También hay muchos de estos lectores a quienes les gustan las historias de fantasmas y, en general, de terror. Sin embargo, cuanto más les gustan, menos deseos pueden sentir de convertirse en sus protagonistas. Es posible que, a veces, el lector disfrute con las historias de aventuras porque se imagine a sí mismo en el papel del héroe listo y valeroso; pero no creo que su placer derive siempre de esa identificación, ni que esa sea su principal manera de disfrutar con la lectura. Puede admirar a un héroe dotado de aquellas cualidades, y desear que triunfe, sin necesidad de apropiarse de ese triunfo.

Queda un tipo de historias cuyo atractivo solo puedo asociar con la fantasía egoísta; me refiero a las historias que narran éxitos, a ciertas historias de amor y a ciertas historias sobre la alta sociedad. Son las historias favoritas del nivel más bajo de lectores. Digo «más bajo» porque la lectura no llega a sacarlos de sí mismos, sino que los confirma en un tipo de autocomplacencia al que ya están habituados, apartándolos de la mayoría de las cosas valiosas que podrían encontrar tanto en los libros como en la vida. Esta clase de actividad mental, realizada con la ayuda de libros o sin ella, es la que los psicólogos llaman fantasías (en una de las acepciones que hemos mencionado). Si no hubiésemos hecho las necesarias distinciones, se habría podido atribuir a esos lectores un gusto por las fantasías literarias. En realidad, sucede lo contrario. Prueben y verán que las detestan, que las consideran «cosas para niños», pues no ven interés alguno en leer sobre «lo que, en realidad, nunca podría haber sucedido».

Desde nuestro punto de vista, es evidente que los libros favoritos de esta clase de lectores están plagados de cosas imposibles. Aceptan sin reparos las descripciones psicológicas más aberrantes y las coincidencias más disparatadas. En cambio, exigen una observancia rigurosa del tipo de leyes naturales a las que están habituados, y de la normalidad general: la indumentaria, los artefactos, la comida, las casas, los trabajos y el tono han de ser los de todos los días. Sin duda, esto se explica en parte por la acentuada inercia de su fantasía: solo son capaces de aceptar la realidad de lo que ya han encontrado miles de veces en los libros y cientos de veces en la vida. Sin embargo, hay una causa más profunda.

Aunque no confundan su fantasía con la realidad, quieren sentir que lo que fantaseen pueda ser real. La lectora no cree que atraiga las miradas de todos, como la heroína del libro que está leyendo; pero quiere sentir que, si tuviera más dinero, y, por tanto, mejores ropas, joyas y cosméticos, y mejores oportunidades, podría atraerlas. El lector no cree que sea rico ni que haya triunfado en la vida; pero con solo ganar una quiniela, si no se necesitara talento para hacer fortuna, podría conseguirlo. Sabe que su sueño no se ha realizado; lo que pide es que, en principio, sea realizable. Por eso basta la mínima aparición de un elemento notoriamente imposible para aguarle la fiesta. Toda historia que refiera cosas prodigiosas, fantásticas, le dice, en forma implícita, lo siguiente: «Solo soy una obra de arte. Debes tomarme como tal: debes gozar de mí por lo que soy capaz de sugerir, por mi belleza, por mi ironía, por mi invención, etc. No se trata en absoluto de que esto pueda sucederte a ti en la vida real». Entonces la lectura —este tipo de lectura— pierde todo interés. Si el lector no puede decirse: «Algún día —¿quién sabe?— esto podría sucederme», la lectura ya no tiene razón de ser. Por tanto, hay una regla que siempre se cumple: cuanto más coincida la manera de leer de una persona con la fantasía egoísta, mayor será su apetencia de un realismo superficial, y menor la atracción que sobre ella ejerza lo fantástico. Desea que la engañen, al menos por un momento, y para ello es imprescindible que subsista cierta semejanza con la realidad. Cuando se construyen fantasías desinteresadas, puede soñarse con el néctar y la ambrosía, con pan mágico y con rocío de miel; en cambio, cuando se practica la modalidad egoísta, solo se sueña con huevos y tocino o con un filete.

Pero acabamos de utilizar la palabra «realismo», que es equívoca y, por tanto, requiere cierto análisis.

7
SOBRE LOS REALISMOS

LA PALABRA «REALISMO» tiene un significado en la lógica, donde su antónimo es «nominalismo», y otro en la metafísica, donde su antónimo es «idealismo». En el lenguaje político tiene un tercer significado, ya un poco envilecido: las actitudes que calificaríamos de «cínicas» cuando las asumen nuestros oponentes, las calificamos de «realistas» cuando somos nosotros quienes las asumimos. Lo que ahora nos interesa no es ninguno de estos significados de los términos «realismo» y «realista», sino los que tienen en la esfera de la crítica literaria; pero, incluso dentro de esta área limitada, se impone una distinción.

Todos diríamos que son realistas las precisas indicaciones de tamaño que encontramos en *Gulliver*, donde Swift menciona directamente las medidas, o en la *Divina Comedia*, donde Dante hace comparaciones con objetos conocidos. Y cuando el monje de Chaucer echa al gato del banco en que desea sentarse, diríamos que se trata de un toque realista.[6] Este tipo de realismo es el que denomino «realismo de presentación»: el arte de valerse de los detalles observados o imaginados con gran agudeza, para acercar algo al lector de modo que este pueda palparlo vívidamente. Por ejemplo: el dragón «que olfatea toda la piedra» en *Beowulf*; el Arturo de Layamon, que, al enterarse de que es rey, se sentó sin decir nada y «se puso rojo primero y pálido después»; los pináculos de *Gawain*, que parecían «de papel recortado»; Jonás, que entró en la boca de la ballena «como una mota por la puerta de una catedral»; los panaderos mágicos de *Huon*, que se quitan la masa de los dedos; Falstaff, que en su lecho de muerte se agarra de la sábana; los arroyuelos de Wordsworth, que se oyen al atardecer, pero que «a la luz del día son inaudibles».[7]

Según Macaulay, en ese realismo de presentación radicaba la principal diferencia entre Dante y Milton. Aunque estuviera en lo cierto, Macaulay nunca advirtió que no había dado con una diferencia entre dos poetas en particular, sino con una diferencia general entre las obras medievales y las clásicas. La Edad Media favoreció el desarrollo espléndido y exuberante del realismo de presentación, pues los hombres que entonces escribieron no estaban limitados por el sentido de la época —prestaban a todas las historias las costumbres de su propio tiempo— ni por el sentido del decoro. La tradición medieval nos ha dado *Fire and fleet and candle-light*; la clásica, *C'était pendant l'horreur d'une profunde nuit*.

Como puede verse, la mayoría de mis ejemplos de realismo de presentación proceden —aunque no los haya

Sobre los realismos

seleccionado con esa intención— de historias que nada tienen de «realistas» en el sentido de probables o, al menos, posibles. Esto permitirá disipar de una vez por todas una confusión muy elemental, que a veces he detectado, entre este realismo de presentación y lo que denomino «realismo de contenido».

Una obra narrativa es realista en este último sentido cuando es probable o «verídica». En un libro como el *Adolphe* de Constant encontramos ese realismo de contenido sin el menor detalle de realismo de presentación; lo encontramos, por tanto, «químicamente puro». En él, las vicisitudes de una pasión, de un tipo de pasión que no es rara en la vida real, se describen hasta su desenlace en la muerte. No hay incredulidad alguna que suspender. En ningún momento dudamos de la probabilidad de que suceda lo que estamos leyendo. Sin embargo, aunque haya mucho que sentir y que analizar, no hay nada que ver, oír, gustar o tocar. No hay «primeros planos», no hay detalles. Tampoco hay personajes menores ni sitios dignos de mención. Salvo un breve pasaje, que responde a un propósito muy concreto, faltan totalmente las referencias al tiempo y al paisaje. Lo mismo sucede en Racine: dada la situación, todo es probable e, incluso, inevitable. El realismo de contenido no carece de grandeza, pero prescinde por completo del realismo de presentación. No sabemos qué aspecto tienen los personajes, cómo van vestidos ni qué comen. Todos hablan con el mismo estilo. Sé muy bien cómo sería Orestes (o Adolphe), pero si me encontrara con él no podría reconocerlo, como, en cambio, me sucedería con Pickwick o con Falstaff, y, probablemente, también con el viejo Karamazov o con Bercilak.

Estos dos tipos de realismo son totalmente independientes. Podemos encontrar el de presentación sin el de contenido, como en los romances medievales; o bien el de contenido sin el de presentación, como en la tragedia francesa (y en parte de la griega); o ambos a la vez, como en *Guerra y paz*; y también puede suceder que falten ambos, como en el *Orlando furioso*, en *Rasselas* o en *Cándido*.

En la época en que vivimos es importante recordar que cada una de esas cuatro maneras de escribir es igualmente válida, y que con cualquiera de ellas se pueden producir obras maestras. El gusto dominante se inclina por el realismo de contenido.[8] Los grandes hallazgos de la novelística del siglo XIX nos han educado para apreciarlo y para esperar que ese sea el estilo utilizado. Sin embargo, incurriríamos en un lamentable error —y crearíamos una nueva clasificación incorrecta de los libros y los lectores— si eleváramos ese gusto natural e históricamente condicionado al rango de principio. Es un peligro en cierto modo latente. Aunque no sé de nadie que haya formulado una regla según la cual todo texto literario que aspire a un público adulto y cultivado debe representar la vida tal como la hemos conocido

Sobre los realismos

o tal como es probable que la conozcamos, ese parece ser el supuesto oculto sobre el que se basa gran parte de la crítica y del análisis de las obras literarias. Lo percibimos en el desinterés o en el menosprecio generalizado por lo romántico, lo idílico y lo fantástico, así como en la facilidad con que se tachan de «escapistas» las obras que presentan esos rasgos. Lo percibimos cuando se elogian los libros diciendo que son «comentarios» o «reflexiones» (o, peor aún, «trozos») de la Vida. También comprobamos que lo que más parece importar en una obra literaria es que sea o no «verídica». Como nuestras leyes contra la obscenidad —unas leyes quizá un poco estúpidas— han prohibido la utilización de media docena de monosílabos, no han faltado escritores que se han sentido mártires de la ciencia, igual que Galileo. Cuando se les ha impugnado determinado pasaje por «obsceno», «depravado», o —con mayor pertinencia crítica— «carente de interés», han pensado que bastaba con replicar que «así sucede en la vida real».

Primero tenemos que decidir cuáles son los textos literarios «verídicos». Supongo que debemos decir que son aquellos al cabo de cuya lectura el lector sensible puede pensar: «Sí. Así —así de siniestra, de espléndida, de vacía o de irónica— es nuestra vida. Estas son cosas que suceden. Estas son cosas que hace la gente».

Pero cuando decimos: «Estas son cosas que suceden», ¿nos referimos a las cosas que suelen suceder, a las cosas típicamente humanas, o a «las cosas que podrían suceder o que podrían haber sucedido entre otras mil posibles»? Porque en este sentido hay una diferencia muy grande entre el *Edipo rey* o *Grandes esperanzas*, de una parte, y *Middlemarch* o *Guerra y paz*, de la otra. En los primeros nos encontramos (constantemente) con hechos y comportamientos que, en su contexto, serían probables y típicos de la vida humana como tal. Sin embargo, los contextos no lo son. Es muy improbable que un muchacho pobre se enriquezca de pronto gracias a la generosidad de un benefactor anónimo que después resulta ser un presidiario. Por otra parte, parece sumamente improbable que un niño sea abandonado, luego recogido, luego adoptado por un rey, y luego, por casualidad, mate a su padre. Para aceptar la mala suerte de Edipo se necesita suspender mucho más la incredulidad que para aceptar la buena suerte de Montecristo.[9] En cambio, en las obras maestras de George Eliot y de Tolstoi todo es probable y típico de la vida humana. Son cosas que pueden sucederle a cualquiera. Es probable que le hayan sucedido a miles de personas. Son personas que podríamos encontrar cualquier día. Por tanto, podemos decir sin reservas: «La vida es así».

Aunque se pueda distinguir entre estos dos tipos de obras y fantasías literarias como el *Orlando furioso*, *La balada del viejo marinero* o *Vathek*, también hay que distinguir entre unas y otras. Y una vez hecha esa distinción es imposible

Sobre los realismos

dejar de advertir que hasta una época bastante reciente casi todas las historias pertenecían al primer grupo, al de *Edipo*, y no al de *Middlemarch*. Así como, salvo los latosos, la gente no habla de las cosas corrientes, sino de lo excepcional —contamos que hemos visto una jirafa en Petty Cury, pero no que hemos visto un estudiante—, también los escritores contaban únicamente cosas excepcionales. Para el público de la época, solo ellas eran dignas de ser narradas. Ante el tipo de cosas que leemos en *Middlemarch*, en *La feria de las vanidades* o en *El cuento de las viejas*, hubiesen comentado lo siguiente: «Pero esto no tiene nada de extraordinario. Sucede cada día. Si esas gentes, y sus vidas, son perfectamente normales, ¿por qué, entonces, hablamos de ellas?».

Podemos descubrir cuál es la actitud que, en todas partes y desde tiempos inmemoriales, ha adoptado el hombre ante las historias si observamos cómo estas se introducen en la conversación. Siempre van precedidas de frases como «Lo más extraño que he visto en mi vida fue...», «Te contaré algo aún más raro...» o «Esto te parecerá increíble...». Así eran casi todas las historias hasta el siglo XIX. Las hazañas de Aquiles o de Rolando se contaban porque eran excepcionalmente heroicas y muy poco probables. El matricidio de Orestes se contaba porque era una culpa excepcional y muy poco probable. Así como las vidas de los santos, excepcionalmente sagradas y muy poco probables. O la mala suerte, excepcional y muy poco probable, de Edipo, de Balín o de

Kullervo. Y el cuento del mayordomo se contaba porque divertía con cosas infrecuentes e imposibles.

Por tanto, si nuestro realismo es tan extremo como para afirmar que la buena literatura ha de ser verídica, es evidente que nos encontramos ante una alternativa. De una parte, podemos decir que los únicos libros buenos son los que pertenecen al segundo tipo, a la familia de *Middlemarch*: la clase de obras a propósito de las cuales podemos decir, sin reservas: «La vida es así». Pero eso supondría enfrentarnos con la práctica literaria y con la experiencia de casi toda la humanidad. Sin duda, un desafío bastante colosal. *Securus judicat*. La otra opción consistiría en afirmar que también son verídicas las historias que, como la de Edipo, cuentan cosas excepcionales y atípicas (y, por tanto, extraordinarias).

Ahora bien: si nos lo propusiéramos, casi —solo casi— podríamos sortear esta dificultad. Podríamos decir que ese tipo de historias afirman implícitamente que «la vida admite incluso esas cosas; que es posible que un hombre se vuelva rico por la generosidad de un presidiario agradecido; que es posible que alguien tenga la mala suerte de Balín; que es posible que alguien a quien están quemando con un hierro candente grite ¡Agua! justo a tiempo para que un viejo propietario rural un poco chalado corte una cuerda porque estaba persuadido de que se produciría un nuevo Diluvio; que es posible que una ciudad sea tomada por un caballo de madera». No bastaría con que dijéramos que eso es lo que

Sobre los realismos

afirman dichas historias: también deberíamos decir que eso es realmente así.

Sin embargo, aunque se admitiera ese argumento —y, sin duda, la última parte es bastante difícil de tragar—, me parece que corresponde a una actitud totalmente artificial, inventada para salvar una tesis indefendible, y que no concuerda en modo alguno con lo que sentimos al escuchar o leer esas historias.

Aunque estas permitan decir que «la vida admite incluso esas cosas», ¿quién puede creer que nos inciten a hacer ese comentario, que este constituya el interés fundamental de quienes las narran o las escuchan, y no sea una conclusión meramente accidental? Porque ni unos ni otros (entre quienes nos contamos) piensan en algo tan concreto e individual, en el horror (el esplendor, la maravilla, la piedad, el absurdo) extraordinario de un caso particular. Lo que interesa es solo esto, al margen de las conclusiones que luego permitan extraer acerca de la vida humana.

Cuando se trata de historias bien construidas, suelen permitirnos una reflexión ulterior sobre lo que llamaríamos «probabilidad hipotética», sobre lo que sería probable si se diera la situación inicial. Pero esta se suele presentar como si fuese inmune a toda crítica. En épocas más ingenuas se la aceptaba porque venía respaldada por la palabra de una autoridad. Nuestros antepasados respondían de ella (*myn auctour* o *thise olde wise*). En caso de que los poetas y los oyentes la pusieran en tela de juicio, la consideraban como nosotros consideramos los hechos históricos: los hechos, a diferencia de las invenciones literarias, cuando están bien probados, no necesitan ser probables. A menudo no suelen serlo. Tampoco es raro que el poeta nos avise de la inconveniencia de extraer de su obra conclusiones sobre la vida en general. Cuando un héroe levanta una enorme piedra, Homero nos dice que dos hombres actuales, dos hombres del mundo de nuestra experiencia, serían incapaces de moverla.[10] Píndaro nos dice que Hércules contempló el país de los hiperbóreos, pero no pensemos que eso está a nuestro alcance.[11] En épocas de mayor refinamiento la situación se acepta más bien como un postulado. «Supongamos» que Lear dividió su reino; que el *riche gnof* del *Cuento del molinero* era infinitamente crédulo; que bastan unas ropas masculinas para que la muchacha se vuelva irreconocible a los ojos de todos, incluidos los de su enamorado; que las calumnias acerca de los seres más próximos y más queridos siempre son aceptadas, aunque procedan del personaje menos digno de fe. Pero ¿estamos seguros de que el autor no dice que «estas son cosas que suceden»? ¿Estamos seguros de que, si lo dice, miente? En realidad, no dice eso, sino esto otro: «Supongamos que esto ha sucedido. ¡Qué consecuencias más interesantes y emocionantes se derivarían! Escuchen. La historia sería esta». Si pusiéramos en tela de juicio lo postulado demostraríamos no haber entendido;

Sobre los realismos

como si, en los juegos de cartas, preguntásemos por qué los triunfos son triunfos. Esas son cosas que hace Mopsa. Cosas fuera de lugar. La *raison d'être* de una historia no reside en eso, sino en el llanto, el estremecimiento, la admiración o la risa que su desarrollo es capaz de producir en nosotros.

Me parecen ilícitos los esfuerzos por acomodar ese tipo de historias dentro del marco de una teoría literaria basada en el realismo radical. No se trata —en ningún sentido pertinente— de representaciones de la vida tal como la conocemos, y nunca se les atribuyó esa cualidad. No es que las extrañas cosas que mencionan aparezcan investidas de probabilidad hipotética con el objeto de aumentar nuestro conocimiento del mundo real mostrando cómo reaccionaría este último si se le sometiera a una prueba tan poco probable. Lo que sucede es todo lo contrario. La probabilidad hipotética se introduce para que podamos imaginar plenamente esas cosas extrañas. No es que Hamlet se encuentre con un fantasma para que sus reacciones nos permitan conocer mejor su naturaleza y, por ende, la naturaleza humana en general; Hamlet reacciona con naturalidad para que podamos aceptar al fantasma. La exigencia de que toda literatura se ajuste al realismo de contenido es insostenible. La mayoría de las grandes obras de la literatura mundial no satisfacen ese requisito. Sin embargo, hay una exigencia muy distinta que sí puede formularse: no se trata de que todos los libros deban ajustarse al realismo de contenido, pero cada libro ha de tener la dosis de ese tipo de realismo que pretenda tener. Puede parecer que este principio no siempre se comprende del todo. Hay personas muy serias que recomiendan la lectura de obras realistas porque, según ellas, nos preparan para la vida real; si pudieran, prohibirían a los niños los cuentos de hadas y a los adultos las novelas románticas, porque «dan una imagen falsa de la vida» (o sea, que engañan a sus lectores). Confío en que lo que ya hemos dicho sobre la fantasía egoísta nos permita evitar este error. Quienes desean ser engañados siempre exigen que la historia se ajuste a un realismo de contenido al menos superficial o aparente. Desde luego, ese realismo engañará al que construye castillos en el aire, pero no al lector con sensibilidad literaria. Para engañar a este se necesita una representación mucho más sutil y más fiel de la vida real. Sin embargo, el realismo de contenido es imprescindible para crear esa ilusión. La dosis dependerá del grado de inteligencia del lector. Nadie puede engañarnos sin antes habernos convencido de que dice la verdad. El romántico más descarado engaña mucho menos que el realista más superficial. La literatura ostensiblemente fantástica nunca consigue engañar al lector. Los cuentos de hadas no engañan a los niños; las que sí suelen engañarlos, y mucho, son las historias que escuchan en la escuela. La ciencia ficción no engaña a los adultos; las que sí pueden

Sobre los realismos

engañarlos son las historias que leen en las revistas femeninas. A ninguno de nosotros nos engaña la *Odisea*, ni *El Kalevala*, ni *Beowulf*, ni las historias del rey Arturo compiladas por Malory. El peligro real acecha en las novelas de aspecto muy sobrio donde todo parece muy probable pero, en realidad, están concebidas para transmitir determinado comentario social, ético, religioso o antirreligioso «sobre la vida». Hablo de «engaño» porque al menos algunos de esos comentarios tienen que ser falsos. Desde luego, no hay novela capaz de engañar al mejor tipo de lector. Este nunca confunde el arte con la vida ni con la filosofía. Cuando lee un libro, es capaz de asumir el punto de vista del autor sin aceptarlo ni rechazarlo; si es necesario, puede suspender su incredulidad así como (lo que es más difícil) su credulidad. Pero no todos pueden hacerlo. En el próximo capítulo analizaré con más detalle el error en que incurren esos otros lectores.

Por último, ¿qué diremos de la acusación de «escapismo»?

Pues bien: en un sentido muy evidente, toda lectura es siempre una evasión. Cuando leemos, nuestra mente se aparta durante cierto tiempo de la realidad que nos rodea para dirigirse hacia algo que solo existe en la imaginación o en la inteligencia. Esto sucede con los libros de historia o de ciencia tanto como con los de literatura. En todos esos casos nos evadimos siempre de lo mismo: de la realidad concreta e inmediata. Lo importante es hacia dónde nos evadimos.

Algunos se apartan de la realidad para dedicarse a construir fantasías egoístas. Se trata de una actividad que puede ser una recreación inocua, si no provechosa, o bien un desenfreno de brutalidad, lascivia y megalomanía. Otros lo hacen solo para jugar con *divertissements* que pueden ser exquisitas obras de arte como *El sueño de una noche de verano* o *El cuento del capellán de las monjas*. Otros, en cambio, lo hacen para dedicarse a construir fantasías desinteresadas, «guiados» por obras como la *Arcadia*, *The Shepheards Sirena* o *La balada del viejo marinero*. Otros, por último, se evaden leyendo literatura realista. Porque, como señaló Crabbe en un pasaje[12] que no suele citarse con la frecuencia que merecería, un cuento tétrico y angustioso puede servirle al lector para evadirse de su angustia real. Incluso una obra literaria que concentra nuestra atención en «la vida», en «la crisis actual» o en «la Época», es capaz de producir ese efecto. Porque, después de todo, se trata de construcciones, de *entia rationis*, y no de hechos situados en el plano del aquí y ahora, como este inquietante dolor de vientre, las corrientes de aire que hay en esta habitación, la pila de exámenes que tengo que corregir, la cuenta que no puedo pagar, la carta que no sé cómo contestar, y mi desconsolado, y no correspondido, amor. Mientras pienso en «la Época» me olvido de todo eso.

Por tanto, la evasión es una práctica compartida por muchos lectores, buenos y malos. Supongo que el término

Sobre los realismos

escapismo designa una tendencia habitual a practicar la evasión con excesiva asiduidad, durante períodos demasiado prolongados o hacia objetos inadecuados, o a practicarla en casos en que lo conveniente sería actuar, desaprovechando así las oportunidades y eludiendo las obligaciones reales. Pero, entonces, no podemos generalizar. La evasión no entraña necesariamente el escapismo. Los autores que nos conducen hacia las regiones más irreales —Sidney, Spenser y Morris— fueron hombres activos que participaron agitadamente en el mundo real. El Renacimiento y el siglo XIX inglés, períodos prolíficos para la fantasía literaria, fueron épocas de gran actividad.

Puesto que otra acusación que suele hacerse —en lugar o además de la de escapismo— a las obras escritas sin propósitos realistas es la de infantilismo, no estará de más decir algo sobre este ambiguo reproche. Es necesario aclarar dos aspectos.

Primero: la asociación entre la fantasía (incluidos los *Märchen*) y la niñez —la creencia de que los niños son los lectores a quienes está destinado este tipo de libros, o de que estos constituyen el material de lectura dedicado específicamente a los niños— dista mucho de ser universal, y data de épocas recientes. La mayoría de las grandes obras de la literatura fantástica, así como gran parte de los cuentos de hadas, no estaban dirigidas solo a los niños, sino al público en general. El profesor Tolkien ha aclarado muy bien esta cuestión.[13] Así como algunos muebles pasaban al cuarto de los niños cuando dejaban de estar de moda para los adultos, lo mismo sucedió con el cuento de hadas. Suponer que existe una afinidad específica entre la niñez y las historias sobre cosas prodigiosas es como suponer que existe una afinidad específica entre la niñez y los sofás de estilo victoriano. Si en la actualidad solo los niños leen ese tipo de historias, no es porque los niños como tales tengan una especial predilección por ellas, sino porque las modas literarias no les afectan. El gusto por esas historias no es un gusto específicamente infantil, sino un gusto normal y constante de la humanidad, que en los adultos se encuentra momentáneamente atrofiado por influencia de la moda. Lo que hay que explicar no es el gusto de los niños, sino el nuestro. Pero tampoco es esto lo que sucede de hecho. En rigor, deberíamos decir que a algunos niños, así como algunos adultos, les gustan dichas historias, y que a muchos niños, así como a muchos adultos, no. Porque no deberíamos dejarnos engañar por la práctica actual de clasificar los libros según los «grupos de edad» a los que supuestamente corresponden. Esa tarea suele estar a cargo de personas que no se interesan demasiado por la verdadera naturaleza de las obras literarias, y cuyo conocimiento de la historia de la literatura deja mucho que desear. Se trata de un mero método práctico que permite ordenar de algún modo el material para uso de maestros y bibliotecarios, y para la publicidad de las

Sobre los realismos

editoriales. Y ni siquiera para eso es realmente apropiado. Todos los días aparecen casos que (por un lado o por otro) no encajan en la clasificación.

Segundo: para que la palabra «infantil» pueda utilizarse en un sentido crítico es preciso averiguar antes si solo se refiere a las características de la niñez cuya superación entraña una ventaja evidente, con exclusión de las que toda persona sensata conservaría si pudiera, y que algunos afortunados logran conservar. En el plano físico esta distinción es obvia. Estamos felices de haber superado la debilidad muscular de la niñez; en cambio, envidiamos a quienes conservan aquella energía, aquella cabellera tupida, aquella facilidad para conciliar el sueño y aquella capacidad para recuperarse con rapidez. Pero ¿sucede lo mismo en otros planos? Cuanto antes dejamos de ser, como la mayoría de los niños, volubles, jactanciosos, celosos, crueles, ignorantes y asustadizos, mejor para nosotros y para nuestros vecinos. Sin embargo, ¿quién que esté en sus cabales no conservaría, si pudiera, aquella curiosidad incansable, aquella imaginación tan vívida, aquella facilidad para suspender la incredulidad, aquel apetito insaciable, aquella disposición para el asombro, la compasión y la admiración? Nuestro proceso de crecimiento debe valorarse por lo que ganamos, no por lo que perdemos. No haber desarrollado el gusto por lo realista es un rasgo infantil en el mal sentido de la palabra; haber perdido el gusto por los prodigios y las aventuras no es más digno de celebración que haber perdido los dientes, el cabello, el paladar y, por último, las esperanzas. ¿Por qué se habla tanto de los defectos de la inmadurez y tan poco de los de la senilidad? Por consiguiente, cuando acusamos a una obra de infantilista debemos tener cuidado con lo que decimos. Si solo queremos decir que el tipo de gusto que la obra complace suele aparecer en las primeras etapas de la vida, de ello no se desprende ninguna crítica para el libro en cuestión. Un gusto es infantil en el mal sentido de la palabra no porque se desarrolle en una etapa inicial de la vida, sino porque adolece de algún defecto intrínseco y, por tanto, debería desaparecer lo más pronto posible. Decimos que ese gusto es «infantil» porque solo la niñez lo vuelve excusable, no porque constituya una cualidad típica de esa etapa de la vida. La indiferencia ante la suciedad y el desaseo es «infantil» porque es antihigiénica y perjudicial y, por tanto, debe superarse lo más rápido posible; en cambio, un gusto como el que, también en nuestros años de inexperiencia, adquirimos por el pan con miel, no tiene por qué serlo. El gusto por los tebeos solo es excusable en las personas muy jóvenes, porque entraña la aceptación de dibujos de factura lamentable y de textos de una vulgaridad y una insipidez casi infrahumanas. Para poder tildar de infantil en este sentido al gusto por lo prodigioso es necesario probar que adolece de este tipo de defectos. No podemos valorar los méritos de nuestras diferentes cualidades basándonos en sus fechas de aparición. Si lo hiciéramos, obtendríamos resultados muy curiosos. Nada hay más característico de la juventud que el desprecio por la juventud. El niño de ocho años desprecia al de seis y se alegra de ser un muchacho tan grande; el escolar está firmemente decidido a no ser un niño, y el que ingresa a la universidad a no ser un colegial. Si quisiéramos eliminar —sin examinar sus diferentes méritos— todas las cualidades de nuestra juventud, podríamos empezar por esta, por el esnobismo cronológico típicamente juvenil. Pero, entonces, ¿qué pasaría con la crítica que tanta importancia atribuye al hecho de ser adulto, y que pretende llenarnos de miedo y de vergüenza por cualquier placer que podamos compartir con los más jóvenes?

8

SOBRE LOS ERRORES QUE COMETE EL BUEN LECTOR

AHORA DEBEMOS RETOMAR un tema que dejé pendiente en el capítulo anterior. Como hemos visto, hay un defecto de lectura en que pueden incurrir tanto los buenos lectores como los malos. Algunos de los primeros lo cometen, y algunos de los segundos no.

Básicamente, supone una confusión entre la vida y el arte; incluso una incapacidad para reconocer la existencia del arte. Su manifestación más burda se encuentra ridiculizada en el viejo cuento del montañés que va al teatro y dispara contra el «malo». También podemos apreciarla en el tipo más bajo del lector, que únicamente se interesa por la literatura sensacionalista, pero que solo la acepta si se presenta como «noticia». En un nivel más elevado consiste en creer que todos los libros buenos lo son fundamentalmente porque nos proporcionan conocimientos, nos enseñan «verdades» sobre la «vida». Este tipo de lectores aprecia a los novelistas y a los dramaturgos como si su función fuese esencialmente idéntica a la que se atribuía a los teólogos y a los filósofos, y no prestan atención a las cualidades creativas de sus obras. Los reverencian como maestros, pero son incapaces de valorarlos como artistas. En pocas palabras: para ellos, la «literatura de poder» de De Quincey es solo una variante de su «literatura de conocimiento».

Podemos empezar descartando una manera de abordar la literatura como si se tratara de una fuente de conocimiento, puesto que, si bien refleja, en rigor, una falta de sensibilidad literaria, es perdonable en cierta etapa de la vida, y suele ser pasajera. Entre los doce y los veinte años casi todos hemos extraído de las novelas, junto con no pocas informaciones falsas, gran cantidad de datos verdaderos sobre el mundo en que vivimos: sobre las comidas, la indumentaria, las costumbres y los climas de diferentes países, así como sobre las características de diferentes profesiones, las maneras de viajar, la moral, el derecho y los mecanismos políticos. Lo que extraíamos de esas obras no era una filosofía de vida, sino lo que se llama «cultura general». En determinadas circunstancias también el lector adulto puede valerse de una obra literaria para obtener este tipo de información. El habitante de un país bárbaro podría valerse de nuestras novelas policíacas para conocer el principio según el cual toda persona es inocente hasta que se demuestre su culpabilidad (en este sentido esas novelas son una prueba importante de nuestro grado real de civilización). Pero, por lo general, con los años vamos dejando de lado esta manera de utilizar las obras literarias. El tipo de curiosidad que solía impulsarnos a hacerlo ya ha sido satisfecho o bien se ha extinguido, y, si subsiste, buscamos la información en fuentes más autorizadas. Esta es también una de las razones por las que nos sentimos menos dispuestos a empezar ahora una nueva novela que cuando éramos jóvenes.

Una vez descartado este caso especial, podemos volver al tema que nos interesa.

Es evidente que algunos de los lectores carentes de sensibilidad literaria confunden el arte con una descripción de la vida real. Como hemos visto, esta confusión es inevitable entre quienes solo buscan en la literatura una guía para desarrollar sus fantasías egoístas. Desean sentir que, si bien esas cosas bellas no les han sucedido, podrían haberles tocado en suerte. («Él podría haberse prendado de mí como sucedió en la novela, donde el duque se prendó de la obrera»).

Sin embargo, también es evidente que la mayoría de esos lectores no cometen en absoluto esa confusión; de hecho, podríamos decir que son las personas menos expuestas a incurrir en ese error. Inténtenlo con su tendero o su jardinero. Como sus lecturas suelen ser escasas, pueden hablarles de alguna película. Si les dicen que tiene un final feliz bastante inverosímil, lo más probable es que les respondan: «Bueno, supongo que de alguna manera tenía que acabar la historia». Si ustedes se quejan de la historia de amor totalmente superflua y tediosa encajada en una película de aventuras, dirán:

«Bueno, ya sabe usted que siempre ponen un poco de eso. A las mujeres les gusta». Esas personas saben muy bien que las películas son obras de arte y no descripciones de la realidad. En cierto modo, el hecho de que no tengan la menor sensibilidad literaria las protege del peligro de confundir ambas cosas. Nunca esperan de una película más que un entretenimiento pasajero, y no demasiado importante; nunca se les ocurriría esperar más que eso de cualquier obra de arte. No van al cine para aprender, sino para descansar. Si alguien les preguntara si lo que han visto modifica de alguna manera sus opiniones acerca del mundo real, les parecería absurdo. ¿Acaso son tontos? Háblenles no del arte, sino de la vida —chismorreen con ellos, regateen con ellos—, y verán lo astutos y realistas que pueden ser.

En cambio, esa confusión se produce, de una manera sutil y especialmente insidiosa, en personas no carentes de sensibilidad literaria. Cuando mis alumnos me han hablado de la Tragedia (salvo por obligación, me han hablado mucho menos de las tragedias), he descubierto a veces que el principal motivo que tenían para leerla o para asistir a sus representaciones era que comunicaba algo llamado la «visión», la «concepción» o la «filosofía» trágica de la «vida». Existen muchas descripciones de esta, pero la versión más difundida parece incluir las dos tesis siguientes:

1. Las grandes desgracias derivan de un defecto de su víctima principal.

2. En sus manifestaciones más extremas, esas desgracias nos permiten descubrir cierta grandeza del ser humano o, incluso, del universo. Por profunda que sea la aflicción, al menos nunca es sórdida, insignificante o solo deprimente. Nadie niega que en la vida real puedan existir desgracias surgidas de tales causas y capaces de depararnos tales revelaciones. Pero si la tragedia se interpreta como un comentario sobre la vida cuya conclusión podría expresarse en frases del tipo: «Así es la desgracia humana en su forma más característica, más corriente o más extrema», entonces se convierte en algo solo creíble con ganas. Porque, si los defectos de carácter pueden ocasionar sufrimientos, las bombas y las bayonetas, el cáncer y la poliomielitis, los dictadores y los automovilistas desaprensivos, las fluctuaciones en el valor del dinero o el empleo, y los meros accidentes del azar ocasionan muchos más. Por equilibrada, adaptada y prudente que sea una persona, no está menos expuesta que cualquier otra a los golpes de la adversidad. Y las desgracias de la vida tampoco suelen acabar con un telón que cae y un redoble de tambores, «calmado el ánimo y extinguida toda pasión». Por lo general, los moribundos no suelen despedirse con discursos demasiado espléndidos. Ni creo que quienes estamos a su lado adoptemos la actitud de los personajes secundarios en ese tipo de escenas trágicas. Porque, lamentablemente, la pieza continúa. En este caso no hay *exeunt omnes*. La historia real no acaba allí: tenemos que llamar a la funeraria, pagar

las cuentas, obtener certificados de defunción, encontrar y verificar un testamento, responder a las cartas de condolencia, etc. Todo esto no tiene nada de sublime ni de definitivo. En la vida real, el dolor nunca acaba en un estallido ni en un sollozo. A veces, después de un viaje espiritual como el de Dante, después de habernos hundido en el centro del dolor y de haber escalado etapa por etapa la montaña de la pena hasta aceptarla, podemos alcanzar cierta paz, aunque nunca es tan intensa como ese dolor. Otras veces el dolor dura toda la vida, como una poza en el alma, cada vez más grande, más profunda y más malsana. Otras, por último, se limita a agotarse y desaparecer como tantos estados de ánimo. Una de estas alternativas entraña cierta grandeza, aunque no una grandeza trágica. Las dos restantes —desagradables, lentas, finalmente ridículas e insignificantes— no tendrían interés alguno para el dramaturgo. Este no se atreve a presentar la imagen total del sufrimiento, que suele ser una mezcla burda de angustia y mezquindad, con todas las humillaciones que arrastra la desgracia y el desinterés que acaba por rodearla (a no ser que en alguien despierte compasión). Si lo hiciera, su obra sería un fracaso, capaz únicamente de aburrir al público y deprimirlo. Lo que hace el dramaturgo es seleccionar los elementos de la realidad que su arte necesita; y lo que este necesita es lo excepcional. Si, en cambio, animados por estas ideas sobre la grandeza trágica, nos acercáramos a alguien que padece una pena real para decirle que está envuelto en ese «sublime manto», no solo pecaríamos de imbéciles, sino que nos comportaríamos de forma execrable.

Junto a un mundo donde no existiera el sufrimiento, nos gustaría que hubiese otro donde el sufrimiento fuera siempre sublime y significativo. Pero cometeríamos un error si dejásemos que la «concepción trágica de la vida» nos convenciera de que así es el mundo en que vivimos. En este sentido, más conviene que miremos a nuestro alrededor. ¿Acaso hay en la naturaleza algo más desagradable e indigno que el rostro de un hombre adulto congestionado por el llanto? Y lo que hay detrás de ese rostro no es mucho más bonito. El sublime manto no se ve por ninguna parte.

Me parece innegable que la tragedia, considerada como una filosofía de vida, es la más pertinaz y la más enmascarada de las realizaciones de deseos... precisamente porque aparenta ser tan realista. Declara haber afrontado lo peor, y concluye que, al cabo de lo peor, subsiste un sentido sublime por aprehender. Así, resulta tan convincente como un testigo que pareciera declarar en contra de sus propios intereses. Solo que, en mi opinión, no es cierto que haya afrontado lo peor, o, en todo caso, las formas más corrientes de «lo peor».

Los dramaturgos no son responsables de que algunos lectores se dejen engañar por esa declaración. Porque no son ellos los que la han hecho, sino los críticos. Ellos escogieron para sus obras las historias (a menudo urdidas con elementos míticos e imposibles) que mejor se prestaban a una utilización dramática. Podríamos decir que, por definición, eran historias atípicas, sorprendentes y, por diversas razones, adecuadas para ese uso. No escogieron las historias que tenían un *finale* sublime y reconciliador porque ese fuese característico de la desgracia humana, sino porque es el que todo buen drama necesita.

Es probable que esta concepción haya cimentado en muchos jóvenes la creencia de que la tragedia es esencialmente más «verídica» que la comedia. Considero que esta creencia carece de todo fundamento. Cada una de esas formas extrae de la vida real solo los acontecimientos que necesita. La materia prima se encuentra a nuestro alrededor, combinada de cualquier manera. Cada una de esas formas de teatro es el fruto, no de una filosofía, sino de un proceso de selección, distinción y configuración. Entre una y otra hay tanta contradicción como la que existe entre dos ramilletes arrancados en el mismo jardín. La contradicción solo aparece cuando nosotros (no el dramaturgo) las convertimos en proposiciones como «Así es la vida humana».

Puede parecer extraño que las mismas personas que consideran que la comedia es menos verídica que la tragedia suelan opinar que la farsa atrevida es realista. He oído decir con frecuencia que cuando Chaucer pasó de *Troilo y Criseida* a sus *faibliaux* lo que hizo fue acercarse mucho más a la realidad. Creo que esta idea surge de una confusión entre el realismo de presentación y el realismo de contenido.

Sobre los errores que comete el buen lector

La farsa de Chaucer está llena de realismo de presentación, pero carece de realismo de contenido. Criseida y Eloísa son ambas mujeres probables, pero lo que sucede en *Troilo* es mucho más probable que lo que sucede en *El cuento del molinero*. No puede decirse que el mundo de la farsa sea menos ideal que el del género pastoril. Es un paraíso de las chanzas en el que las coincidencias más desatinadas se aceptan sin objeciones, y donde todo se combina para hacer reír. Pocas veces —y solo por unos instantes— la vida real logra aproximarse al grado de comicidad de una farsa ideada con ingenio. Por eso, cuando alguien quiere decir que una situación real es cómica, el comentario más expresivo que puede hacer es que «es tan divertida como una obra de teatro».

Cada una de estas formas artísticas realiza su propio tipo de abstracción. Las tragedias omiten las mazadas aparentemente caóticas y ciegas que suelen depararnos la mayoría de las desgracias de la vida, así como la prosaica mezquindad que a menudo envilece al sufrimiento real. Las comedias no toman en cuenta la posibilidad de que el casamiento de los enamorados no siempre conduzca a la felicidad duradera, ni mucho menos perfecta. La farsa excluye la compasión por sus víctimas en casos en que, si se tratase de personas reales, estas la merecerían.

Ninguna de las tres afirma nada sobre la vida en general. Las tres son construcciones: cosas hechas con materia de la vida; no son comentarios sobre la vida, sino cosas que se añaden a la vida.

A propósito de esto, me gustaría evitar un malentendido. El gran artista —en todo caso, el gran artista literario— no puede ser superficial en lo que piensa ni en lo que siente. Por improbable y anormal que sea la historia elegida, en sus manos, como suele decirse, «cobrará vida». Y esa vida llevará la impronta de la experiencia, el conocimiento y la sabiduría que posee el autor; y no solo de eso sino, incluso, de lo que quizá podríamos llamar el sabor o la «textura» que la vida tiene para él. Este último elemento es decisivo: de él depende la atmósfera que se respira en la obra: estimulante, si se trata de una pieza lograda; sofocante y empalagosa, si la pieza es mala. Cuando la obra es buena, tiene la virtud de infundirnos por un tiempo una especie de entusiasmo racional. Además —aunque esto es menos importante— suele transmitirnos muchas verdades psicológicas y no pocas reflexiones profundas (o, al menos, capaces de afectarnos profundamente). Sin embargo, todo esto forma parte —para nosotros, que lo recibimos, y, quizá, también para el poeta, que lo expresa— del «espíritu» (casi en el sentido químico de la palabra) de la obra de arte, de la pieza teatral. Si le diéramos una formulación filosófica, aunque se tratase de una filosofía racional, y considerásemos la pieza como un mero vehículo de dicha filosofía, estaríamos faltándole el respeto a la cosa que el poeta ha hecho para nosotros.

Utilizo las palabras «cosa» y «hecho» deliberadamente. Ya nos hemos referido —aunque sin darle respuesta— a la pregunta sobre si el poema «significa o es». El buen lector no puede considerar una tragedia —es raro que hable de la entidad abstracta «Tragedia»— como un mero vehículo para la verdad porque, precisamente, nunca olvida que dicha obra, además de significar, es. No es solo *logos* (algo dicho), sino también *poiema* (algo hecho). Lo mismo sucede en el caso de una novela o de un poema narrativo. Son objetos complejos y cuidadosamente elaborados. Lo primero que debemos hacer es considerarlos en su genuino carácter de tales. Cuando, en cambio, se los valora sobre todo por las reflexiones que puedan sugerir o por las moralejas que de ellos puedan extraerse, se incurre en un caso típico de «uso» en lugar de «recepción».

Por «objeto» no entiendo nada necesariamente misterioso. Una de las virtudes básicas de toda buena obra literaria reside en algo que nada tiene que ver con la verdad, la filosofía o la *Weltanschauung*. Una obra es buena porque consigue combinar a la perfección dos tipos de órdenes diferentes. De una parte, los hechos que en ella suceden (la mera trama) tienen su propio orden cronológico y causal, el mismo que tendrían en la vida real. De la otra, todas las escenas y demás divisiones de la obra deben relacionarse entre sí con arreglo a ciertos principios de composición, como las diferentes masas de color en un cuadro o los distintos pasajes de una sinfonía. El artista ha de guiar nuestro sentimiento y nuestra fantasía «matiz por matiz, elevándolos mediante levísimas modificaciones». En los contrastes (pero también en las anticipaciones y en las resonancias) entre lo más oscuro y lo más claro, entre lo más lento y lo más veloz, entre lo más sencillo y lo más complejo debe existir cierto equilibro —pero nunca una simetría demasiado perfecta— para que la forma total de la obra parezca inevitable y perfectamente adecuada. Pero este segundo orden nunca debe perturbar al primero.

Para dar algunos ejemplos, podemos citar, al comienzo de *Hamlet*, la transición de la escena de la «explanada» a la escena breve; la colocación del relato de Eneas en la *Eneida* II y III; en *El paraíso perdido*, el tercer libro, ascendente, después de los dos primeros, sombríos. Pero eso no basta. El autor debe evitar lo más posible la introducción de elementos cuya única función sea evocar otras cosas. Cada episodio, cada explicación, cada descripción, cada diálogo —en el caso ideal, cada oración— debe ser agradable e interesante de por sí. (Uno de los defectos de *Nostromo*, de Conrad, reside en que, antes de llegar al tema central, única justificación del relato, debemos leer una serie de pseudohistorias).

Algunos descartarán esta cuestión por considerarla «meramente técnica». Sin duda, estamos dispuestos a reconocer que el orden al que nos referimos, separado del contenido ordenado, es, incluso, menos que «mero»: es una nada, como lo es la forma separada del cuerpo al que configura. Pero se engañaría quien quisiera «apreciar» una escultura descartando su forma para concentrarse en la «concepción de la vida» del escultor. La escultura solo es en virtud de la forma. Y solo porque es tal se nos ocurre pensar en la concepción de la vida que tiene el escultor.

Es muy natural que, después de haber ejecutado los movimientos que, ordenadamente, suscita en nosotros toda gran novela o toda gran obra de teatro —si hemos bailado su danza, celebrado su rito o respetado su ritmo—, nos sintamos inclinados a hacer una serie de reflexiones muy interesantes. Como consecuencia de esa actividad, se desarrolla nuestro «músculo mental». Podemos agradecérselo a Shakespeare o a Dante, pero vale más que no les atribuyamos los usos filosóficos o éticos que hacemos de él. Ante todo, porque es bastante improbable que logremos superar significativamente —aunque sí un poco— el nivel normal de nuestras reflexiones. Muchos de los comentarios sobre la vida que la gente extrae de Shakespeare podrían haber sido formulados sin su auxilio, y sin disponer de un talento excepcional. En segundo lugar, ese tipo de reflexiones puede ser un obstáculo para los futuros contactos con la obra. Podría suceder que volviésemos a ella sobre todo para encontrar una nueva confirmación de nuestra creencia de que encierra tal o cual enseñanza, y no para sumergirnos con renovada sensibilidad en la obra misma. Haríamos como el hombre que no aviva el fuego para hervir agua o caldear el cuarto, sino para volver a ver las mismas imágenes del día anterior. Y como, para un crítico decidido, un texto no es «más que un guante de cabritilla» —puesto que cualquier cosa puede interpretarse como un símbolo, una ironía o una ambigüedad—, no nos costará mucho encontrar en él lo que deseemos. El mejor argumento contra esta manera de proceder es el mismo que permite descalificar el uso que suele hacerse del arte en general. Consiste en señalar que nuestra preocupación por hacer algo con las obras prácticamente impide que estas puedan obrar de alguna manera sobre nosotros. De forma que, cada vez más, en lugar de encontrarnos con ellas, lo que hacemos es encontrarnos con nosotros mismos.

Ahora bien: uno de los efectos más importantes del arte consiste en desviar nuestra mirada de esa imagen especular, en librarnos de esa soledad. Cuando leemos «literatura de conocimiento» lo hacemos con la esperanza de llegar a pensar mejor y con más claridad. Yo diría que cuando, en cambio, leemos obras de imaginación nos interesa mucho menos modificar nuestras propias opiniones —aunque, desde luego, a veces su lectura pueda tener ese efecto— que participar plenamente en las opiniones —y, por tanto, también en las actitudes, en los sentimientos y en la experiencia total— de otras personas. ¿Acaso alguien que esté en sus cabales intentaría dirimir la polémica entre el materialismo y el teísmo leyendo a Lucrecio y a Dante? Pero, en cambio, ¿qué persona dotada de sensibilidad literaria no se deleitaría con lo mucho que sus obras pueden enseñarle acerca de la figura humana del materialista o el teísta?

Sobre los errores que comete el buen lector

El buen lector no tiene por qué plantearse ningún «problema de creencia». Leí a Lucrecio y a Dante en una época en la que (en general) estaba de acuerdo con Lucrecio. Más tarde, volví a leerlos cuando mis opiniones se habían inclinado (en general) hacia Dante. No veo que ese cambio haya supuesto alteración alguna en mi experiencia, ni mucho menos en mi valoración de sus respectivas obras. La persona que ama verdaderamente la literatura debería ser en cierto sentido como el examinador honrado, que está dispuesto a dar la nota más alta a quien exponga mejor, de forma más elocuente y más documentada, ideas que él mismo no comparte o que, incluso, detesta.

Lamentablemente, la manera incorrecta de leer que estoy criticando se ve estimulada por la importancia creciente de la «literatura inglesa» como disciplina académica. Así, muchas personas llenas de talento, ingenio y aplicación, pero cuyos verdaderos intereses nada tienen de específicamente literarios, deben dedicarse al estudio de la literatura. Obligados a hablar sin cesar sobre libros, ¿qué más pueden hacer que tratar de convertir los libros en el tipo de cosas sobre las que sí están en condiciones de hablar? De ese modo, la literatura se transforma para ellos en una religión, una filosofía, una escuela de moral, una psicoterapia, una sociología... en cualquier cosa menos en una colección de obras de arte. Las obras frívolas —los *divertissements*— son despreciadas o bien mal interpretadas atribuyéndoles una seriedad que no tienen. En cambio, la persona que realmente ama la literatura siente mucho más respeto por un *divertissement* escrito con exquisitez que por ciertas «filosofías de vida» introducidas de contrabando en las obras de los grandes poetas. Por de pronto, lo primero es mucho más difícil que lo segundo.

Esto no significa que la obra de los críticos que extraen esa filosofía de los textos de sus novelistas o poetas favoritos carezca necesariamente de valor. Cada uno atribuye a su autor preferido lo que cree que es la sabiduría; y, desde luego, esa elección dependerá del calibre de su propia inteligencia. Si es tonto, lo que encontrará y admirará en su autor será pura tontería; y si es mediocre, pura trivialidad. Si, en cambio, se trata de un pensador profundo, es probable que valga la pena leer lo que proclama y expone como la filosofía de su autor... aunque en realidad se trate de la suya. Podemos compararlo con la larga sucesión de sacerdotes que, forzando de alguna manera sus textos, supieron componer sermones edificantes y no exentos de elocuencia. Los sermones podían resultar objetables desde el punto de vista exegético pero, por sí solos, eran homilías perfectamente válidas.

9
RESUMEN

AHORA SERÁ OPORTUNO hacer el siguiente resumen de la tesis que estoy tratando de exponer:
1. Toda obra de arte puede ser «recibida» o «usada». En el primer caso, la forma creada por el artista determina el comportamiento de nuestra sensibilidad, de nuestra imaginación y de otra serie de facultades. En el segundo, esa forma es un mero auxiliar para el ejercicio de nuestras propias actividades. Podríamos decir —usando una imagen anticuada— que lo primero es como hacer una excursión en bicicleta guiados por alguien que conoce caminos que nosotros aún no hemos explorado. Lo segundo, en cambio, es como añadir un pequeño motor a nuestra propia bicicleta para después recorrer uno de nuestros trayectos conocidos. En sí mismos, estos pueden ser buenos, malos o indiferentes. Los «usos» que la mayoría hace del arte no son necesariamente vulgares, perversos o morbosos. Esa es solo una posibilidad. «Usar» las obras de arte es inferior a «recibirlas» porque, al «usarlo», el arte no añade nada a nuestra vida y solo se limita a proporcionarle brillo, asistencia, apoyo o alivio.

2. Cuando se trata de la literatura, surge una complicación, porque «recibir» un texto siempre entraña, en cierto sentido, «usar» las palabras que lo integran, atravesarlas para llegar a algo imaginario que no es verbal. En este caso, por tanto, la distinción adopta una forma un poco diferente. Llamemos *contenido* a ese «algo imaginario». El que «usa» la obra quiere usar ese contenido: como pasatiempo para los momentos de tedio o angustia, como mero ejercicio mental, como guía para construir castillos en el aire, o, quizá, como fuente de la que extraer «filosofías de vida». En cambio, el que la «recibe» quiere detenerse en ese contenido, porque, al menos durante cierto tiempo, lo considera un fin en sí mismo. En este sentido, su relación con la obra podría compararse (hacia arriba) con la contemplación religiosa o (hacia abajo) con el juego.

3. Sin embargo, paradójicamente, el que «usa» la obra nunca hace un uso pleno de las palabras, y, de hecho, prefiere las palabras que excluyen esa posibilidad. Le basta con captar el contenido en forma rápida y aproximativa porque solo le interesa usarlo para sus necesidades del momento. Si hay en las palabras elementos que invitan a considerarlas con mayor detenimiento, este tipo de lector los deja de lado; si, para entenderlas, es imprescindible detenerse a considerar esos elementos, simplemente es incapaz de seguir leyendo. Para él, las palabras son meros índices o postes indicadores. En cambio, cuando se lee correctamente un buen libro, las palabras, que, sin duda, indican, hacen algo mucho más sutil que lo

Resumen

que sugiere el término «indicar»: ejercen una coacción muy especial sobre las mentes deseosas, y capaces, de someterse a tan exquisita y fina exigencia. Por eso, cuando decimos que un estilo es «mágico» o «evocador», usamos una metáfora que no es solo emotiva, sino también idónea. Y por la misma razón tendemos a decir que las palabras poseen un «color», un «sabor», una «textura», una «fragancia» o un «aroma» por eso también, las grandes obras literarias parecen maltratadas cuando se les aplica la —inevitable— distinción entre palabras y contenido. Quisiéramos rechazar esa abstracción alegando que las palabras no son solo el ropaje, ni del contenido siquiera la encarnación. Y no nos equivocamos. Es lo mismo que si intentásemos separar la forma y el color de una naranja. Sin embargo, a veces es necesario que hagamos esa separación con fines meramente analíticos.

4. Como las «buenas» palabras son capaces de imponernos su voluntad y de guiarnos hacia los ámbitos más recónditos de la mente de un personaje —o de hacernos palpar la singularidad del Infierno de Dante, o la imagen de una isla para el ojo de los dioses—,[14] leer bien no es un mero placer adicional —si bien también puede serlo—, sino un aspecto del poder que las palabras ejercen sobre nosotros, y, por tanto, un aspecto de su significado.

Esto vale, incluso, para la buena prosa, para la prosa eficaz. A pesar de su tono superficial y jactancioso, un prólogo de Bernard Shaw transmite una vitalidad tan jovial, tan atractiva y tan segura de sí misma que su lectura nos colma de placer; y ese sentimiento procede sobre todo del ritmo. Leer a Gibbon nos resulta tan estimulante por esa sensación de triunfo que, después de haber ordenado tantas miserias y grandezas, le permite contemplarlas con olímpica serenidad. Pues bien: son los períodos que esconden su prosa los que nos transmiten ese sentimiento. Son como viaductos que atravesamos a velocidad moderada y constante contemplando sin sobresaltos los valles risueños o impresionantes que se abren ante nosotros.

5. Todas las actitudes típicas del mal lector podemos encontrarlas también en el bueno. Sin duda, también este se emociona y siente curiosidad. Y lo mismo sucede con la dicha que también él es capaz de experimentar a través de los personajes. Desde luego, el buen lector nunca se ha movido por ese único interés, pero, si la felicidad es un ingrediente legítimo de la historia, tampoco deja de compartirla. Cuando espera un final feliz no lo hace porque desee obtener ese placer, sino porque considera que, por diferentes razones, la obra misma lo requiere. (Las muertes y los desastres pueden ser tan notoriamente «artificiales» y disonantes como unas campanadas de boda). En cambio, el buen lector no persistirá demasiado en la fantasía egoísta. Sin embargo, sospecho que, sobre todo en la juventud o en otros períodos infelices, puede ser ella la que lo mueva a leer determinado libro. Se ha dicho que la atracción que Trollope o, incluso, Jane Austen ejercen sobre muchos lectores se debe a la riqueza con que supieron pintar

Resumen

el ocio de que gozaban por entonces los miembros de su clase —o de la clase que identifican con la suya—, a la sazón protegidos por una posición más próspera y estable. Quizá, a veces, suceda lo mismo con los libros de Henry James. En algunas de sus novelas, la vida que llevan los protagonistas resulta tan inaccesible para la mayoría de nosotros como la de las hadas o las mariposas; para ellos no existen obligaciones religiosas ni laborales, preocupaciones económicas, exigencias familiares o compromisos sociales. Sin embargo, eso solo puede atraer al lector en un primer momento. Por importante e, incluso, obstinado que sea su propósito de valerse de autores como Trollope, Jane Austen o James para alimentar sus fantasías egoístas, el lector no tardará mucho en desalentarse.

Al caracterizar estas dos maneras de leer he evitado deliberadamente el término «entretenimiento». Aunque a veces aparezca reforzado con el adjetivo «mero», sigue siendo demasiado ambiguo. Si designa el placer ligero y juguetón, entonces creo que eso es precisamente lo que nos proporcionan ciertas obras literarias como, por ejemplo, algunas frivolidades de Prior o de Marcial. Si se refiere a las cosas que «atrapan» al lector de novelas populares —el suspense, la emoción, etc.—, entonces yo diría que todo libro debería ser entretenido. Un buen libro será más entretenido, nunca menos. En este sentido, la capacidad de entretener al lector constituye una especie de prueba de calidad. Si una obra literaria no es capaz siquiera de brindar entretenimiento, no necesitamos seguir examinando sus méritos de mayor rango. Pero, desde luego, lo que «atrapa» a un lector puede no atrapar a otro. Allí donde el lector inteligente suspende la respiración, el corto de alcances podrá quejarse de que no sucede nada. De todos modos, espero que la mayoría de las connotaciones negativas que suele entrañar el término «entretenimiento» hayan quedado recogidas en mi clasificación.

También me he abstenido de utilizar la expresión «lectura crítica» para describir el tipo de lectura que considero correcta. Salvo cuando se la utiliza elípticamente, esa expresión me parece muy engañosa. En un capítulo anterior he dicho que solo podemos juzgar la pertinencia de una oración, e incluso de una palabra, por la función que cumple o deja de cumplir. El efecto siempre debe preceder al acto que lo juzga. Lo mismo vale para todo el libro. En el caso ideal, primero deberíamos leerlo, y después valorarlo. Lamentablemente, cuanto más tiempo llevamos ejerciendo una profesión literaria, o frecuentando los círculos literarios, menos respetamos esa norma. Quienes sí lo hacen, excelentemente, son los jóvenes. Cuando leen por primera vez una gran obra se sienten «aplastados». ¿Acaso la critican? ¡Por Dios, no! Lo que hacen es volver a leerla. Pueden demorarse mucho en formular el juicio: «Esta debe de ser una gran obra». Pero en etapas ulteriores no podemos dejar de juzgar a medida que leemos; esto se convierte en un hábito. No logramos crear el silencio interior, el vacío mental que requiere la recepción plena de la obra. Y mucho

Resumen

menos lo logramos cuando, al leer, sabemos que estamos obligados a formular un juicio; como cuando leemos un libro para escribir una reseña o cuando un amigo nos pasa un manuscrito porque quiere que le aconsejemos. Entonces el lápiz se pone a trabajar en el margen y las frases de censura o aprobación se forman por sí solas en nuestra mente.

Por eso, dudo mucho de que la crítica sea un ejercicio adecuado para los lectores jóvenes. La reacción del alumno inteligente ante determinada obra se expresará de una manera mucho más natural a través de la parodia o la imitación. Si la condición necesaria de toda buena lectura consiste en «saber apartarnos del camino», es muy poco probable que logremos facilitar esa disposición en los jóvenes obligándolos a expresar continuamente sus opiniones. En este sentido, una de las cosas más perniciosas que puede hacer el profesor es incitarlos a abordar toda obra literaria con desconfianza. Sin duda, esa actitud será muy justificada. En un mundo lleno de sofistería y propaganda, queremos proteger a la nueva generación evitándole decepciones y precaviéndola contra el tipo de falsos sentimientos y de ideas confusas que con tanta frecuencia suele proponerle la palabra impresa. Pero, lamentablemente, el mismo hábito que le impide exponerse a la mala literatura puede impedirle todo contacto con la buena. El campesino «sagaz», que llega a la ciudad demasiado aleccionado contra los cazadores de ingenuos, no siempre lo pasa precisamente bien; en realidad, después de haber rechazado muchas amistades genuinas, de haber desperdiciado muchas oportunidades reales y de haberse granjeado no poca antipatía, lo más probable es que caiga en las redes de algún pícaro que sepa alabar su «astucia». Lo mismo sucede en este caso. Ningún poema librará su secreto a un lector que penetre en él pensando que el poeta probablemente haya querido engañarle, pero que en su caso no lo conseguirá. Si queremos obtener algo del poema, debemos correr ese riesgo. La mejor defensa contra la mala literatura es una experiencia plena de la buena; así como para protegerse de los bribones es mucho más eficaz intimar realmente con personas honradas que desconfiar en principio de todo el mundo.

Desde luego, los muchachos sometidos a este entrenamiento capaz de atrofiar su sensibilidad no acusan sus efectos condenando sin más todos los poemas que sus maestros les presentan. Determinada combinación de imágenes, rebelde a toda lógica e imposible de imaginar visualmente, merecerá sus elogios si la encuentran en Shakespeare, y su «denuncia» triunfal si la encuentran en Shelley. Pero esto se debe a que saben muy bien lo que se espera de ellos. Saben, por otro tipo de razones, que hay que elogiar a Shakespeare y condenar a Shelley. No responden correctamente porque su método les haya permitido descubrir la respuesta correcta, sino porque la conocían de antemano. No siempre es así; entonces, su respuesta reveladora puede encender en el maestro una tímida duda acerca de la eficacia del método.

10
LA POESÍA

PERO ¿NO HABRÉ cometido una sorprendente omisión? He hablado de poetas y poemas, sin decir ni una palabra sobre la poesía como tal. Sin embargo, cabe advertir que, para Aristóteles, Horacio, Tasso, Sidney y, quizá, Boileau, todas las cuestiones que hemos abordado hubiesen podido figurar de pleno derecho —si algún tipo de consideración merecieran— en un tratado «Sobre la poesía». Conviene recordar que nuestro análisis ha girado alrededor de la comparación entre la buena y la mala lectura. Lamentablemente, esta cuestión puede tratarse sin necesidad de mencionar en ningún momento a la poesía, pues los malos lectores no suelen frecuentarla. Las mujeres, sobre todo las mujeres de cierta edad, pueden ponernos, de vez en cuando, en situaciones incómodas recitándonos versos de Ella Wheeler Wilcox o de Patience Strong. El tipo de poesía que prefieren es siempre gnómico; por tanto, se trata de auténticos comentarios sobre la vida. Los usan como sus abuelas usaron, quizá, los proverbios o los textos bíblicos. En ello no entran demasiado sus sentimientos ni creo que desempeñe papel alguno su imaginación. Son apenas los pocos restos de agua o de barro que han quedado en el cauce seco por el que antaño discurrían las baladas, los versos infantiles y las coplas tradicionales. Pero ahora el caudal es tan exiguo que apenas si vale la pena mencionarlo en un estudio como este. En general, los malos lectores no se interesan por la poesía. Y entre los buenos cada vez son más los que también se apartan de ella. Salvo los poetas, los críticos profesionales o los profesores de literatura, hay pocas personas que lean poesía moderna.

Todos estos hechos son expresión de un mismo fenómeno. A medida que se desarrollan, las artes se van separando más y más. En una época, el canto, la poesía y la danza formaban parte de un único *dromenon*. Al separarse unas de otras, esas artes se fueron convirtiendo en lo que son hoy. Este proceso supuso grandes pérdidas y también grandes ganancias. Y lo mismo ha sucedido dentro del ámbito específico de la literatura. La poesía se ha ido diferenciando cada vez más de la prosa.

Esto puede parecer paradójico si pensamos sobre todo en el lenguaje que utilizan los poetas. Desde los tiempos de Wordsworth, el vocabulario y la sintaxis que solían permitirse en poesía han sido atacados hasta desaparecer por completo. En este sentido, puede decirse que la poesía está más cerca que nunca de la prosa. Pero se trata de una aproximación superficial y el próximo soplo de la moda puede volver

La poesía

a separarlas. Aunque el poeta moderno no use, como Pope, *e'er* en lugar de *ever* ni *oft* en lugar de *often*, ni llame ninfa a una muchacha, sus obras difieren mucho más de la prosa que la poesía de ese autor. La historia de *El rizo robado*, incluidas las sílfides, podría haberse contado —si bien no con tanta perfección— en prosa. Lo que expresan la *Odisea* o la *Divina Comedia* podría expresarse —si bien no con tanto primor— sin recurrir a la poesía. La mayoría de las virtudes que Aristóteles exige de la tragedia pueden encontrarse en una obra escrita en prosa. A pesar de las muchas diferencias de lenguaje, la poesía y la prosa transmitían unos contenidos parcial o casi totalmente idénticos. En cambio, la poesía moderna, si algo «dice», si, además de «ser», aspira a «significar», dice algo que la prosa no podría decir en modo alguno. Para leer la poesía de antaño había que aprender un lenguaje un poco diferente; para leer a los poetas modernos tenemos que derribar nuestras estructuras mentales y renunciar a todas las asociaciones lógicas y narrativas que utilizamos cuando leemos textos en prosa o cuando conversamos. Debemos alcanzar una especie de estado de trance en el que las imágenes, las correspondencias y los sonidos se combinan de una manera totalmente distinta. Así, casi ha desaparecido todo punto de contacto entre la poesía y cualquier otro uso del lenguaje. En este sentido, la poesía es hoy mucho más quintaesencialmente poética que en cualquier otra época. Es «más pura», en la acepción negativa del término. No solo hace (como toda buena poesía) lo que la prosa es incapaz de hacer, sino que evita deliberadamente hacer cualquier cosa que esta pueda hacer.

Lamentablemente, aunque de forma inevitable, este proceso es paralelo a una disminución constante del número de sus lectores. Algunos han achacado este resultado a los poetas, otros al público. Por mi parte, no estoy seguro de que haya que culpar a nadie. Cuanto más refinado y perfecto se vuelve un instrumento para el desempeño de determinada función, es natural que menos sean las personas que necesiten, o sepan, utilizarlo.

Cualquiera utiliza cuchillos corrientes, pero solo unos pocos utilizan escalpelos. Estos son más adecuados para practicar operaciones, pero solo sirven para eso. La poesía se limita cada vez más a hacer lo que solo ella puede hacer, pero resulta que es algo que a no mucha gente le interesa que se haga. Y, desde luego, aunque le interesara, tampoco sería capaz de recibirlo. La poesía moderna es demasiado difícil para la mayoría de la gente. Es inútil quejarse; una poesía tan pura como esta tiene que ser difícil. Pero tampoco los poetas deben quejarse de que no se les lea. Si el arte de leer poesía requiere un talento casi tan excelso como el arte de escribirla, sus lectores no pueden ser mucho más numerosos que los poetas. Si alguien compone una pieza para violín que solo uno de cada mil intérpretes es capaz de tocar, es inútil que se queje de que su audición sea infrecuente.

La poesía

Esta comparación con la música es cada vez más oportuna. Dado el carácter de la poesía moderna, los *cognoscenti* que la explican pueden leer una misma obra de maneras extremadamente distintas. Ya no podemos considerar que, de todas esas lecturas, solo una es «correcta», ni que todas son «incorrectas». Es evidente que el poema es como una partitura y las lecturas como otras tantas interpretaciones de ella. Pueden admitirse diferentes versiones de una misma obra. Lo importante no es cuál es la «correcta», sino cuál es la mejor. Quienes explican la poesía se parecen más a los directores de una orquesta que a las personas que acuden a escucharla.

Muchos se empeñan en confiar en que esta situación sea pasajera. Algunos, a quienes no les gusta la poesía moderna, esperan que desaparezca pronto, asfixiada en el vacío de su propia pureza, para dejar paso a un tipo de poesía más afín a las pasiones e intereses que constituyen la experiencia de los legos. Otros, en cambio, esperan que, a través de la «cultura», los legos puedan «elevarse» hasta el nivel de la poesía, de modo que, sin dejar de ser lo que es, esta pueda volver a tener un público bastante amplio. Por mi parte, no puedo dejar de pensar en una tercera posibilidad.

Impulsadas por la necesidad práctica, las antiguas ciudades estado desarrollaron notablemente el arte de hablar de forma audible y persuasiva a grandes asambleas reunidas en lugares abiertos. Era la retórica. Que pasó a formar parte de su educación. Algunos siglos más tarde cambiaron las condiciones y ya no hubo en qué aplicar ese arte. Sin embargo, siguió figurando entre las disciplinas que se estudiaban. Y tardó más de mil años en desaparecer. No es imposible que la poesía, tal como la practican los modernos, tenga un destino similar. La explicación de la poesía ya se ha convertido en una disciplina muy afianzada en las escuelas y universidades. Existe un propósito expreso[15] de reservarle esa posición en el currículo académico y de hacer de su dominio una condición indispensable para optar a cualquier trabajo de oficina; con lo cual tanto los poetas como sus exégetas se asegurarían un público permanente (ya que era reclutado por obligación). Puede que se consiga. Quizá de esta manera, sin recuperar su perdida influencia sobre «los intereses y los sentimientos» de la mayoría de los hombres, la poesía logre reinar durante un milenio, como alimento para un ejercicio explicativo que los profesores considerarán una disciplina sin igual y digna de las mayores alabanzas, y los alumnos aceptarán como un inevitable *moyen de parvenir*.

Pero esto es mera especulación. Por el momento, en el mapa de la lectura, el área de la poesía se ha encogido, ha dejado de ser el gran imperio de antaño para convertirse en una provincia diminuta; una provincia que, a medida que se va volviendo más pequeña y va insistiendo más y más en su diferencia respecto del resto de las regiones, precisamente en virtud de esta combinación entre pequeñez y

La poesía

peculiaridad, cada vez se parece más a una «reserva» que a una provincia. Una región que, no *simpliciter*, pero sí a los efectos de cierto tipo muy amplio de generalizaciones geográficas, resulta obviable. En ella no podemos analizar la diferencia entre los buenos y los malos lectores, porque allí solo existen los primeros.

Sin embargo, ya hemos visto que a veces los buenos lectores incurren en lo que considero defectos de lectura, y que, incluso, a veces se trata de formas más sutiles del mismo tipo de errores que cometen los malos lectores. Esos defectos también pueden manifestarse cuando leen poemas. A veces, «usan» la poesía en lugar de «recibirla». Pero, a diferencia de los malos lectores, saben muy bien lo que hacen, y están en condiciones de justificarlo. «¿Por qué razón», preguntan, «tendría que apartarme de una experiencia real y presente —lo que el poema significa para mí, lo que me sucede cuando lo leo— para indagar sobre las intenciones del poeta o reconstruir, haciendo siempre conjeturas, lo que el poema pudo significar para la gente de su época?». Pregunta que parece tener dos posibles respuestas. Una consiste en señalar que el poema que tengo en mi cabeza, producto de mis malas traducciones de Chaucer o de mis malas interpretaciones de Donne, es probablemente muy inferior al que compusieron Chaucer o Donne. En segundo lugar, ¿por qué no disfrutar con los dos? Una vez que he disfrutado con mi elaboración personal del poema, ¿por qué no volver al texto para detenerme en las palabras difíciles, reconocer las alusiones y percatarme de que ciertos detalles rítmicos con los que me deleité la primera vez se debían a la feliz coincidencia de determinados errores de pronunciación? En lugar de elegir entre disfrutar con mi «propio» poema o con el que escribió el poeta, ¿por qué no ver si puedo deleitarme con ambos? Quizá sea un hombre de genio y considere, incluso, sin falsas modestias, que el mío es el mejor. Pero para descubrirlo es necesario que antes haya conocido los dos. A menudo vale la pena quedarse con ambos. ¿Acaso no seguimos disfrutando con ciertos efectos que suscitaba en nosotros la lectura equivocada de determinados pasajes de algún poeta clásico o extranjero? Ahora sabemos más. Abrigamos la esperanza de que el objeto de nuestro deleite se parezca más a lo que Virgilio o Ronsard quisieron darnos. Es como cuando volvemos a algún sitio hermoso que conocimos de niños. Apreciamos el paisaje con nuestros ojos de adultos, pero también revivimos el placer —a menudo muy diferente— que nos produjo cuando éramos pequeños.

Desde luego, nunca podemos superar los límites de nuestra propia piel. Por más que nos esforcemos, nuestra experiencia de las obras literarias siempre llevará alguna impronta de nuestros rasgos personales y de los propios de nuestra época. Tampoco podemos ver nunca las cosas exactamente como las ven los demás, aunque se trate de los seres

La poesía

que mejor conocemos y más amamos. Sin embargo, podemos hacer algún progreso en esa dirección. Al menos podemos eliminar los errores de perspectiva más evidentes. La literatura nos ayuda a mejorar nuestra comprensión de las personas, y estas nos ayudan a mejorar nuestra comprensión de la literatura. Si no podemos escapar del calabozo, al menos podemos mirar a través de los barrotes. Mejor eso que permanecer en el rincón más oscuro, echados sobre el jergón.

Sin embargo, puede haber poemas (poemas modernos) que, de hecho, requieran el tipo de lectura que he calificado de incorrecta. Quizá sus palabras solo estén destinadas a ser mera materia prima para lo que la sensibilidad del lector quiera hacer con ella; quizá el poeta no haya deseado que hubiese algo en común entre las diferentes experiencias de los lectores, ni entre esas experiencias y la suya propia. En tal caso, es indudable que este sería el tipo adecuado de lectura. Podemos quejarnos de que un cuadro con cristal esté colocado en un sitio donde solo nos permite ver el reflejo de nuestra propia imagen; pero no hay nada que lamentar si, en lugar de un cuadro, se trata de un espejo.

Decimos que el mal lector no presta suficiente atención a las palabras. En general, cuando el buen lector lee un texto poético nunca se observa ese fallo. Por el contrario, su atención se concentra en las palabras y en sus diferentes aspectos. Sin embargo, a veces he comprobado que el aspecto auditivo no se valora como es debido. No creo que sea por culpa de un descuido, sino por una actitud deliberada. En cierta ocasión oí decir lo siguiente a un profesor del Departamento de Lengua Inglesa de cierta universidad: «En la poesía puede haber muchas cosas importantes, pero no el sonido». Quizá solo se tratase de una broma. Sin embargo, en las ocasiones que tuve de examinar a candidatos a títulos universitarios descubrí que una sorprendente cantidad de ellos, sin duda dotados de excelente formación literaria en lo que a otros aspectos se refería, revelaban, por los errores que cometían al citar textos poéticos, que su conocimiento del aspecto métrico era nulo.

¿A qué puede deberse tan sorprendente situación? Se me ocurren dos posibles causas. En ciertas escuelas a los niños se les enseña a escribir los poemas que han aprendido para recitar, no respetando los versos, sino en función de las «unidades discursivas». Lo que se pretende con ello es corregir el hábito del «sonsonete». Creo que esta actitud de los maestros revela una gran falta de perspicacia. Si los niños llegan a convertirse alguna vez en verdaderos aficionados a la poesía, el hábito del «sonsonete» se corregirá por sí solo; si no, el asunto carece de importancia. En la niñez, el sonsonete no constituye un defecto. Se trata, sencillamente, de la primera manifestación de la sensibilidad rítmica; por rudimentaria que sea, no hay que considerarla un mal síntoma, sino todo lo contrario. Esa regularidad metronómica, ese

La poesía

balanceo del cuerpo según la cadencia del mero ritmo poético, es la base a partir de la cual podrán desarrollarse todas las variaciones y sutilezas ulteriores. Porque solo hay variaciones para quienes conocen la norma, y solo hay sutilezas para quienes conocen lo elemental. En segundo lugar, puede que nuestros jóvenes hayan conocido demasiado pronto el *vers libre*. Cuando este tiene auténtico valor poético, sus efectos sonoros son extremadamente sutiles, y su apreciación exige oídos muy habituados a percibir la cadencia de la poesía métrica. En mi opinión, se engañan quienes creen que pueden recibir el *vers libre* sin antes haberse familiarizado con la poesía métrica. Es como tratar de correr antes de saber andar. Sin embargo, cuando se trata efectivamente de correr, el que se cae se lastima, y el supuesto corredor descubre así su equivocación. En cambio, el lector que se engaña a sí mismo puede caerse y, sin embargo, seguir creyendo que corre. El resultado es que, probablemente, nunca aprenderá a andar y, por tanto, tampoco a correr.

11

EL EXPERIMENTO

UNA VEZ MONTADO el aparato que necesitaba para realizar mi experimento, ya puedo poner manos a la obra. Normalmente, nos basamos en la calidad de lo que alguien lee para apreciar si se trata de un buen o un mal lector. Nuestro propósito consistía en averiguar qué ventajas podían derivarse de la inversión de ese procedimiento, o sea de juzgar la literatura a partir de cómo es leída. De no mediar inconvenientes, podríamos llegar a una definición de los buenos libros según la cual estos serían los que permiten, proponen o, incluso, imponen una buena lectura; y algo similar podríamos decir en el caso de los malos libros y la mala lectura. Sin embargo, esta es una simplificación ideal. De hecho, tendremos que conformarnos con algo menos nítido. Pero ahora me interesa exponer la posible utilidad de esta inversión.

En primer lugar, dirige nuestra atención hacia el acto de leer. Cualquiera que sea el valor de la literatura, este solo se verifica cuando hay buenos lectores que la leen. Los libros que están en un anaquel solo son literatura potencial. La única forma de actualizarla consiste en esa experiencia pasajera. La erudición y la crítica literarias son actividades auxiliares de la literatura solo y exclusivamente porque multiplican, prolongan y preservan las experiencias de buena lectura. Lo que necesitamos es un método que nos aparte de la literatura potencial, abstracta, para situarnos en el centro mismo de su actualización.

En segundo lugar, el método que he propuesto nos permite caminar por un terreno sólido; a diferencia del habitual, que nos lleva por arenas movedizas. Por ejemplo: usted descubre que me gusta Lamb, y, como está seguro de que Lamb es un mal escritor, afirma que mi gusto es malo. Pero su opinión sobre Lamb es, igual que la mía, producto de una experiencia puramente personal; o bien, reflejo de la opinión dominante en el mundo literario. En el primer caso, al condenar mi gusto usted comete una insolencia, y, si no fuese por buena educación, yo tendría todo el derecho de decirle: *tu quoque*. Y si su actitud se basa en la opinión «dominante», ¿cuánto tiempo cree que esta seguirá en vigor? Usted no ignora que hace cincuenta años nadie me hubiera condenado porque me gustase Lamb; tampoco ignora que en la década de 1930 el gusto por Tennyson era muchísimo más censurado que en la actualidad. Ese tipo de derrocamientos y restauraciones se produce casi todos los meses. Por tanto, no puede confiar en que haya uno que vaya a ser permanente. Pope llegó, se fue, y volvió. Milton, colgado, destripado y descuartizado por dos o tres críticos influyentes —con la

El experimento

aquiescencia de todos sus discípulos—, parece haber revivido. Las acciones de Kipling, que en tiempos estuvieron muy altas, cayeron estrepitosamente, y ahora muestran leves signos de recuperación. En este sentido, el «gusto» es sobre todo un fenómeno cronológico. Si me dice su fecha de nacimiento, puedo hacer gala de mi sagacidad adivinando sus eventuales preferencias por Hopkins o Housman, por Hardy o Lawrence. Dígame que cierta persona despreciaba a Pope y admiraba a Ossian, y seguro que adivinaré la época en que floreció. Lo único que tiene derecho a decir de mi gusto es que es anticuado; el suyo no tardará en serlo.

Supongamos, en cambio, que su forma de proceder haya sido muy diferente. Supongamos que me haya ido soltando toda la cuerda que necesitaba para colgarme a mí mismo. Así, alentándome a hablar de Lamb, podría haber descubierto que yo ignoraba algunos aspectos de su obra y proyectaba en ella muchos elementos que en modo alguno le pertenecían; que rara vez leía lo que tanto alababa, y que, incluso, los mismos elementos de mi alabanza revelaban hasta qué punto utilizaba su obra como mera fuente de estímulos para mis propias ensoñaciones extravagantes y melancólicas. Y supongamos que después haya aplicado el mismo método de detección a otros admiradores de Lamb, siempre con iguales resultados. Entonces, si bien nunca con una certeza matemática, habría podido disponer de una base sólida para considerar cada vez más fundada su opinión de que Lamb era un mal autor. Su razonamiento podría haber sido el siguiente: «Puesto que todos los que se deleitan leyendo a Lamb practican con su obra el peor tipo de lectura, es probable que se trate de un mal autor». La observación del tipo de lectura que practican las personas es una base sólida para juzgar la calidad de lo que leen; en cambio, los juicios sobre lo que leen representan una base precaria, e incluso pasajera, para juzgar los méritos del tipo de lectura que practican. Porque la valoración dominante de las obras literarias cambia según la moda, pero la diferencia entre las maneras de leer —atenta o desatenta, obediente o empecinada, desinteresada o egoísta— es permanente; si vale, vale siempre y en todas partes.

En tercer lugar, este método exigiría trabajar mucho antes de poder emitir un juicio negativo sobre determinada obra. Considero que esto sería ventajoso, porque en la actualidad resulta demasiado fácil condenar un libro.

Cualquiera que sea el método utilizado, ya juzguemos los libros por sus lectores o viceversa, siempre hacemos una doble distinción. Primero separamos las ovejas de las cabras, y luego las mejores ovejas de las peores. Dejamos algunos lectores o libros fuera de los límites, y luego vamos elogiando o censurando los que quedan dentro. Así, si comenzamos por los libros, trazamos una línea entre la mera «basura comercial», las novelas de misterio, los libros pornográficos, los cuentos breves de las revistas femeninas, etc., y la literatura que podemos calificar de «culta», «adulta», «auténtica» o

El experimento

«seria». Pero después distinguimos entre las obras buenas y malas que hay en este último grupo. Para la crítica moderna más acreditada, por ejemplo, Morris y Housman serán malos, y Hopkins y Rilke buenos. Si juzgamos a los lectores, haremos lo mismo. Trazaremos una distinción general, y prácticamente indiscutible, entre los que leen poco, con prisa, de forma confusa y descuidada, solo para matar el tiempo, y los que consideran la lectura una actividad importante y difícil. Pero después diremos que algunos de estos últimos tienen «buen» gusto y otros «mal» gusto.

Cuando un crítico que utiliza el método vigente hace la primera distinción, cuando traza los límites, dice que lo que está haciendo es juzgar libros. Sin embargo, nunca ha leído la mayoría de las obras que coloca fuera de esos límites. ¿Cuántas novelas del Oeste ha leído? ¿Cuántas novelas de ciencia ficción? Si solo se guía por el bajo precio de ese tipo de libros y por las extravagantes ilustraciones de sus cubiertas, no pisa un terreno demasiado firme. Corre el riesgo de causar una pobre impresión a la posteridad, porque una obra que, para una generación de *cognoscenti*, solo es basura comercial, para otra puede convertirse en un clásico. Si, en cambio, se guía por la mala opinión que le merecen los lectores de ese tipo de libros, está utilizando, sin mayor sutileza, mi método... aunque no lo reconozca. Más valdría que lo reconociese, y que procediera con menor torpeza. Convendría que se asegurara de que su desprecio por esos lectores no se debe, entre otras posibles razones, a un mero esnobismo social o a una pedantería intelectual. El método que propongo trabaja al descubierto. Si no podemos observar los hábitos de lectura de las personas que compran novelas del Oeste, o de las que creen que no vale la pena perder el tiempo con ellas, simplemente no emitimos juicio alguno sobre ellas. Cuando podemos observarlos, no suele costarnos demasiado descubrir si los suyos son buenos o malos hábitos de lectura. Si comprobamos que determinado libro suele merecer este último tratamiento —y más aún si comprobamos que nunca se lo lee del otro modo—, disponemos en principio de un argumento válido para considerar que se trata de un mal libro. En cambio, aunque solo encontremos un lector que extraiga un deleite inagotable de algún librito barato, impreso a doble columna y con una cubierta ilustrada del modo más chillón, que lo lea y lo relea, y descubra, y no esté dispuesto a admitir, la más mínima alteración de su texto, entonces, por insignificante que dicho libro pueda parecernos, o por mala que sea la opinión que les merezca a nuestros amigos y colegas, no nos atreveremos a dejarlo fuera de los límites.

Tengo algunas razones para pensar que el método usual no es demasiado seguro. La ciencia ficción es una provincia literaria que en tiempos solía visitar muy a menudo; si ahora rara vez la visito, no es porque mi gusto haya mejorado, sino porque la provincia ha cambiado y ahora está llena de nuevas edificaciones por cuyo estilo no siento especial preferencia.

El experimento

Pero en los buenos tiempos pude comprobar que, cuando los críticos decían algo de ella, quedaba en evidencia su profundo desconocimiento del tema. Hablaban de la ciencia ficción como si se tratase de un género homogéneo. Pero, en sentido literario, no cabe hablar de género alguno. Lo único que comparten los autores que la practican es el uso de alguna «máquina». Algunos, los de la familia de Jules Verne, se interesan fundamentalmente por la tecnología. Otros utilizan la máquina como un mero estímulo para la fantasía literaria, y sus obras son sobre todo *Märchen* o mitos. Muchos otros la utilizan con fines satíricos; las críticas más mordaces que los escritores norteamericanos han dirigido contra el estilo de vida norteamericano adoptan casi siempre esta forma y, si esos autores se hubiesen atrevido a expresarlas de cualquier otra manera, sus obras habrían sido acusadas inmediatamente de antinorteamericanas. Por último, hay una gran cantidad de escritores mercenarios que simplemente se aprovecharon del auge de la ciencia ficción y utilizaron los planetas, e incluso las galaxias, más distantes como mero telón de fondo para unas novelas de espionaje o de amor que lo mismo, si no mejor, podían haber estado ambientadas en Whitechapel o en el Bronx. A estas diferencias entre los distintos tipos de libros corresponden, desde luego, otras entre los diversos tipos de lectores. Desde luego, nada impide agrupar todos los libros de ciencia ficción en una sola clase; pero sería casi tan sutil como incluir obras de Ballantyne, de

Conrad y de W. W. Jacobs en una única clase que llevase el rótulo de «novela marítima», y después querer hacer la crítica de ese «género».

Sin embargo, las diferencias entre mi método y el habitual aparecen de forma mucho más nítida cuando pasamos a la segunda distinción, a la distinción entre las diversas calidades de ovejas, entre las obras o lectores que hemos dejado más acá de los límites. Para el método usual, la diferencia entre este tipo de distinciones y la distinción realizada en primer término solo puede ser de grado. Milton es malo, pero Patience Strong es peor; Dickens (la mayor parte de su obra) es malo, pero Edgar Wallace es peor. Mi gusto es malo porque me gustan Scott y Stevenson; pero el gusto de los que prefieren a E. R. Burroughs es peor. En cambio, el método que propongo permitiría trazar una distinción no de grado, sino de clase entre los diferentes tipos de lectura. Las palabras «gusto», «gustar» y «disfrutar» tienen significados distintos según se trate del tipo de lectura que he calificado de incorrecto o del que yo practico. No existen pruebas de que alguien haya sentido jamás por los libros de Edgar Wallace lo que yo siento por los de Stevenson. Así que la diferencia entre afirmar que alguien carece de sensibilidad literaria y afirmar que mi gusto es malo es la misma que media entre decir: «Este hombre no está enamorado», y decir: «Este hombre está enamorado, pero de una mujer horrible». Y así como el mero hecho de que un hombre sensible y educado

El experimento

ame a una mujer que no nos gusta es suficiente para obligarnos a revisar nuestro juicio sobre ella y a mirarla de nuevo buscando, y a veces encontrando, alguna virtud que antes no habíamos percibido, también con mi método el mero hecho de que haya personas, aunque se trate solo de una, capaces de leer bien y auténticamente, y de apreciar durante toda la vida, determinado libro que nos había parecido malo, será suficiente para que sospechemos que en realidad no puede tratarse de una obra tan mala como pensábamos. Desde luego, la amada de nuestro amigo puede seguir pareciéndonos tan fea, estúpida y desagradable que solo seamos capaces de explicar esa pasión por algún comportamiento misterioso e irracional de las hormonas. Análogamente, el libro que le gusta puede seguir pareciéndonos tan malo que solo seamos capaces de explicar esa preferencia por alguna asociación que este pudiera haberle sugerido en su juventud, o por cualquier otro accidente psicológico. Pero debemos —debiéramos— conservar siempre cierto margen de duda. Siempre puede suceder que el libro tenga alguna virtud que no logramos percibir. Hay muchísimas posibilidades de que, en principio, una obra que haya merecido la consideración atenta y el aprecio constante de un lector tenga alguna virtud. Por tanto, desde la perspectiva de mi método, condenarla es algo muy serio. Nuestro juicio condenatorio nunca es definitivo. No tiene nada de disparatado reabrir en cualquier momento el proceso.

Sostengo que en esto mi método resulta más realista que el habitual. Porque, dígase lo que se diga, cuando consideramos la cuestión con serenidad, todos percibimos que las distinciones que hacemos más acá de los límites son mucho más precarias que la que hacemos al trazar esos límites, y que nada se gana con disimular este hecho. Si no queremos desmoralizarnos, podemos llegar a afirmar que estamos tan seguros de la inferioridad de Tennyson respecto de Wordsworth como de la de Edgar Wallace respecto de Balzac. En medio de una acalorada discusión usted puede decir que mi gusto por Milton es solo un caso más leve del mismo tipo de mal gusto que atribuimos a los lectores de tebeos. Podemos decir ese tipo de cosas, pero ninguna persona sensata creerá que sean ciertas. Las distinciones que hacemos entre lo mejor y lo peor que encontramos más acá de los límites son totalmente distintas a la que hacemos entre la «basura» y la «auténtica» literatura. Todas aquellas distinciones se basan en juicios precarios y reversibles. El método que propongo reconoce abiertamente esta situación, y excluye de entrada la posibilidad de que un autor que, durante cierto tiempo, haya estado dentro de los límites, pueda ser total y definitivamente «desenmascarado» y «expulsado». Partimos del principio de que, si las personas aficionadas a leer bien consideran que algo es bueno, hay bastantes probabilidades de que en realidad se trate de algo bueno. Todo parece indicar que quienes afirman lo contrario se equivocan. Lo único que

El experimento

pueden esperar estos críticos es convencer a los lectores de que la obra en cuestión no es tan buena como ellos creen; pero al mismo tiempo deben reconocer abiertamente que incluso esta última afirmación puede no ser aceptada.

De modo que uno de los resultados de mi método sería el de hacer callar al tipo de críticos para los que —salvo la media docena de autores protegidos por el grupo que momentáneamente decide sobre los méritos y los deméritos de las obras literarias— todos los grandes nombres de la literatura inglesa son como otros tantos postes de alumbrado en los que cualquier perro puede hacer sus necesidades. Creo que esto es positivo. Esos derrocamientos constituyen un gran desperdicio de energía. El tipo de polémicas que encienden produce más calor que claridad. No contribuyen a mejorar en lo más mínimo la competencia para la buena lectura. Lo mejor para corregir el gusto de una persona no es denigrar a sus autores favoritos, sino enseñarle a disfrutar con otros mejores.

Estas son, en mi opinión, las ventajas que podrían obtenerse si nuestros juicios sobre los libros se basaran en nuestros juicios sobre la forma en que son leídos. Pero hasta ahora hemos descrito el funcionamiento ideal de nuestro método, sin tomar en cuenta los escollos que surgen al querer aplicarlo. En la práctica, tendremos que contentarnos con algo menos perfecto.

La objeción más obvia que puede formularse a nuestra propuesta se basa en el hecho de que un mismo libro puede leerse de diferentes maneras. Como bien sabemos, algunos lectores, sobre todo algunos escolares, hacen un uso pornográfico de ciertos pasajes pertenecientes a novelas y poemas de excelente calidad; y ahora que las obras de Lawrence se publican en ediciones de bolsillo, las ilustraciones de sus cubiertas y el tipo de libros que suelen hacerles compañía en los puestos de venta revelan con toda claridad a qué clase de compradores, y, por tanto, a qué clase de lectores esperan satisfacer los libreros. Por consiguiente, debemos decir que lo que condena un libro no es la existencia de malas lecturas, sino la ausencia de buenas. Desde el punto de vista ideal, nos gustaría poder definir un buen libro como el que «permite, propone o impone» una buena lectura. Sin embargo, deberemos contentarnos con que «permita y proponga». De hecho, puede haber libros que impongan una buena lectura, en el sentido de que los malos lectores probablemente sean incapaces de pasar de sus primeras páginas. Cualquier persona que tome *Samson Agonistes*, *Rasselas* o *Urn Burial* solo para matar el tiempo, buscar emociones o para alimentar sus fantasías egoístas, no tardará en dejarlos de lado. Sin embargo, los libros que, de este modo, no admiten una mala lectura, no son necesariamente mejores que los que sí pueden sufrirla. Desde el punto de vista lógico, el hecho de que cierto tipo de belleza no admita ultrajes, y otro, en cambio, sí, tiene una significación meramente accidental. En cuanto a «propone», es evidente que en esto puede haber grados. Por tanto, nuestro último recurso radica en «permite». Desde el punto de vista ideal, el mal libro es el que necesariamente excluye toda buena lectura. Las palabras que lo componen no toleran un examen cuidadoso, y su contenido es totalmente inconsistente cuando lo que se busca no es solo alimento para las emociones o la mera fantasía egoísta. Sin embargo, nuestra idea de lo que es un buen libro entraña también la segunda nota mencionada en esa definición: la obra debe «proponer» una buena lectura. No basta con que exista cierta posibilidad de que, esforzándonos, consigamos realizar una lectura atenta y obediente. El autor no debe dejarlo todo en nuestras manos. Debe mostrar, lo más pronto posible, que su obra merece —porque tiene con qué recompensarla— una lectura cuidadosa y disciplinada.

También se objetará que no tomar como criterio los libros, sino el tipo de lectura que se les aplica, supone alejarse de lo conocido para volverse hacia lo incognoscible. Al fin y al cabo, siempre podemos acceder a los libros e inspeccionarlos personalmente; pero ¿qué podemos saber en realidad sobre la forma en que son leídos por los demás? Sin embargo, esta objeción es mucho menos poderosa de lo que parece.

Como ya hemos dicho, el juicio sobre los tipos de lectura tiene dos etapas. Primero, excluimos a algunos lectores por considerarlos desprovistos de sensibilidad literaria. Después, observamos a los restantes y distinguimos entre los que tienen mejor y peor gusto. En la primera operación, los lectores afectados no nos proporcionan ninguna ayuda explícita. No hablan de la lectura, y si intentasen hacerlo no lograrían decir nada claro. Pero en ese caso la observación externa puede realizarse sin la menor dificultad; porque la lectura desempeña un papel muy exiguo en sus vidas, y, una vez que han usado un libro, lo dejan inmediatamente de lado, como el periódico del día anterior; de manera que la falta de sensibilidad literaria puede diagnosticarse con toda certeza. En cambio, por malo que nos parezca el libro, y por inculto o inmaduro que nos parezca el lector, si observamos que siente un interés vivo y renovado por él y nunca se cansa de leerlo, el diagnóstico no puede ser el mismo. (Por supuesto, me refiero a los casos en que el lector elige esa relectura. Un niño solitario que vive en una casa donde los libros no abundan, o un marino que realiza una travesía muy larga, pueden sentirse impulsados a releer cualquier libro *faute de mieux*).

Para la segunda distinción —entre los gustos buenos y malos de los lectores cuya sensibilidad literaria está fuera de duda— la observación externa no nos resulta de gran ayuda. Pero, en cambio, tenemos la ventaja de que se trata de personas capaces de expresarse con toda claridad. Hablarán, e incluso escribirán, sobre sus libros preferidos. A veces nos dirán explícitamente —y más a menudo nos revelarán en forma involuntaria— qué tipo de placer encuentran en ellos, y qué tipo de lectura es capaz de

El experimento

proporcionárselo. Así, solemos reconocer —no con certeza total, pero sí con un alto grado de probabilidad— quién ha recibido a Lawrence por sus valores literarios, y quién se ha sentido atraído sobre todo por la *imago* del Rebelde o del Muchacho Pobre que Triunfa; quién ama al Dante poeta, y quién al Dante tomista; quién acude a un autor para enriquecer su mundo mental, y quién solo busca desarrollar su vanidad. Cuando descubrimos que el *penchant* de todos o de la mayoría de los panegiristas de determinado autor obedece a motivos no literarios, antiliterarios o extraliterarios, podemos abrigar ciertas sospechas sobre la calidad literaria de su obra.

Desde luego, no descartaremos la impresión que podríamos obtener leyéndolo personalmente. Pero debemos tener mucho cuidado al hacerlo. Nada es menos esclarecedor que leer los libros de un autor que ha caído en desgracia (Shelley, por ejemplo, o Chesterton), con el propósito de confirmar la mala opinión que ya teníamos de él. Lo único que se consigue con ello es llegar a una conclusión ya conocida. Cuando nos encontramos con una persona de la que ya desconfiamos, todo lo que dice o hace confirma nuestras sospechas. Para descubrir que un libro es realmente malo debemos leerlo suponiendo que quizá sea muy bueno. Debemos vaciar nuestra mente y abrirnos. En todo libro pueden encontrarse defectos; ninguno puede revelar sus virtudes sin un acto previo de buena voluntad por parte del lector.

Quizá alguien se pregunte si vale la pena tomarse tanto trabajo por una obra que casi con seguridad es mala, únicamente porque existe apenas una probabilidad entre cien de que contenga algo de valor. Sin embargo, solo lo haremos en el caso de tener que emitir un juicio sobre ella. Nadie nos pide que escuchemos los testimonios presentados en todos los pleitos que se ven en los tribunales. Pero si formamos parte del jurado, y más aún si figuramos en él por propia decisión, creo que debemos hacerlo. Nadie me obliga a juzgar a Martin Tupper o a Amanda Ross, pero para hacerlo debo leer sus obras con total imparcialidad.

Lo más probable es que todo esto parezca una maniobra destinada a proteger los malos libros del castigo que tanto merecen. Algunos pensarán, incluso, que me interesa proteger a mis autores preferidos, o a los de mis amigos. Nada puedo hacer para evitarlo. Lo que me interesa es convencer a la gente de que los juicios condenatorios son siempre los más aventurados, porque creo que realmente lo son. Y debería ser evidente por qué los juicios condenatorios son siempre los más aventurados. Es más difícil probar una proposición negativa que una positiva.

Basta una mirada para poder decir que hay una araña en este cuarto; en cambio, hay que hacer (al menos) una limpieza completa para poder decir con certeza que no la hay. Cuando afirmamos que un libro es bueno podemos basarnos en nuestra propia experiencia positiva. Hemos

El experimento

podido leerlo —porque el mismo libro nos lo ha permitido, propuesto o impuesto— de una manera que consideramos totalmente correcta, o, en todo caso, de la mejor manera que está a nuestro alcance. Aunque pueda, y deba, subsistir algún margen de duda sobre la calidad, incluso, del mejor tipo de lectura que somos capaces de practicar, es muy poco probable que nos equivoquemos al distinguir entre nuestra mejor y nuestra peor manera de leer. Pero para afirmar que un libro es malo no basta comprobar que es incapaz de inducir alguna respuesta positiva en nosotros, porque el fallo puede ser nuestro. Cuando decimos que un libro es malo no afirmamos que es capaz de inducir malas lecturas, sino que no es capaz de inducir buenas. Esta proposición negativa nunca puede verificarse con total certeza. Aunque pueda decir: «Si algún placer he de encontrar en la lectura de este libro, solo será el de las emociones pasajeras que sea capaz de procurarme, el de las fantasías que me permita construir, o bien el placer de coincidir con las opiniones del autor», nada impide que otras personas encuentren en él lo que por mi parte no logro descubrir.

Por una lamentable paradoja, la crítica más refinada y sutil está tan expuesta como cualquier otra a cometer este tipo de errores; pesa las obras palabra por palabra y (con plena razón) juzga a cada autor por su estilo, si bien la forma en que procede no tiene nada que ver con la del fanático del estilo. Solo mediante la observación de todo lo que entrañan o sugieren las palabras pueden detectarse los eventuales fallos en la actitud de un autor. En sí, esto es perfectamente correcto. Pero el crítico debe asegurarse, además, de que esos pequeños matices que él detecta también existen para las personas que no pertenecen a su propio círculo. Cuanto más sutil es un crítico, mayor es la probabilidad de que viva encerrado en un reducidísimo círculo de *littérateurs* que permanentemente se reúnen, y se leen, entre sí, y que han construido un lenguaje casi privado. Si el autor no forma parte de ese grupo —de cuya existencia no necesita estar enterado para ser un hombre de letras e, incluso, un genio—, sus miembros pueden percibir en las palabras que emplea todo tipo de alusiones que para él, y para quienes han hablado con él, sencillamente no existen. No hace mucho que se me ha acusado de introducir un matiz humorístico inoportuno por haber puesto cierta frase entre comillas. Lo hice porque la frase en cuestión era, a mi entender, un americanismo aún no adoptado en Inglaterra ni siquiera en el uso coloquial. Si se hubiera tratado de una expresión francesa, habría utilizado cursivas, pero en este caso no podía hacerlo porque los lectores hubiesen pensado que lo que quería era resaltar la frase. El crítico podría haber objetado —quizá con razón— que mi procedimiento no era el adecuado. Pero al acusarme de introducir un matiz humorístico inoportuno demostró que no había comprendido mi intención. Procedo de un medio en el que nadie ha pensado

El experimento

jamás que las comillas sean humorísticas; pueden ser innecesarias, o quizá estar fuera de lugar, pero nunca son humorísticas. Colijo que mi crítico procede, en cambio, de un medio donde siempre se las utiliza para ridiculizar de alguna manera determinada frase; deduzco además que, quizá, lo que para mí era un fragmento en lengua extranjera, es para él una expresión perfectamente usual. Supongo que este tipo de cosas suceden con frecuencia. Los críticos dan por descontado que el tipo de inglés que utilizan los miembros de su grupo —un uso que, en realidad, es muy esotérico, que no siempre es muy adecuado y que, en todo caso, cambia permanentemente— es el de todas las personas cultas. Detectan síntomas de ciertas peculiaridades del autor, como el tener determinada edad o vivir lejos de Londres. Este se mueve entre ellos como el forastero que, con toda inocencia, dice algo que, en esa universidad, o en la familia con la que está cenando, alude a determinada historia —trágica o divertida— que él no podía conocer. Aunque sea inevitable «leer entre líneas», debemos hacerlo con mucha cautela porque es muy fácil engañarse.

    No negaré que el método que propongo, y el espíritu que lo anima, atemperarían por fuerza nuestra creencia en la utilidad de la crítica estrictamente evaluativa, y, sobre todo, de sus juicios condenatorios. Este tipo de crítica —aunque esté autorizada por la etimología— no es el único tipo de actividad que se conoce con ese nombre. La concepción que

Arnold tenía de la crítica asignaba un papel muy exiguo a la valoración. Para él, la crítica era «sobre todo» el ejercicio de la curiosidad, y la definía como el «amor desinteresado por el libre juego de la mente con cualquier cosa considerada solo en sí misma».[16] Lo importante es «ver el objeto tal como es en realidad».[17] Es más importante ver con precisión qué tipo de poeta es Homero que indicar a la gente cuánto debe gustarle ese tipo de poeta. El mejor juicio de valor es aquel «que se forma por sí solo de un modo casi imperceptible en una mente clara e imparcial que conoce algo nuevo».[18] Cuando este tipo de crítica es el indicado tanto en cantidad como en calidad, la crítica evaluativa resulta prácticamente innecesaria. La función del crítico nunca consiste, según Arnold, en imponer su juicio a los demás. «El gran arte de la crítica consiste en saber quitarse de en medio y dejar que la humanidad decida».[19] Lo que debemos hacer es mostrar a los otros la obra que dicen admirar o despreciar tal como esta es en realidad; debemos describir, definir casi, su carácter, y después dejar que los lectores obtengan (ya mejor informados) sus propias impresiones. En un pasaje, Arnold llega incluso a avisar al crítico de que no debe incurrir en un perfeccionismo inhumano. «Debe conservar su idea de lo mejor, de lo perfecto, y, al mismo tiempo, estar lo más abierto posible a todo lo que de bueno, aunque no óptimo, pueda ofrecérsele». En pocas palabras: debe tener el carácter que MacDonald atribuía a Dios, y Chesterton,

El experimento

inspirándose en él, al crítico: este debe ser «fácil de agradar pero difícil de satisfacer».

Considero que la crítica tal como la concebía Arnold (cualquiera que sea la opinión que nos merezca su manera de aplicarla) es una práctica muy útil. La que es problemática es la utilidad de la crítica que juzga los méritos de los libros, la utilidad de los juicios positivos o negativos. En tiempos se decía que este tipo de crítica era útil para los escritores. Pero, en general, esta opinión ha sido abandonada. Ahora se afirma que es útil para los lectores. En este último sentido he de considerarla aquí. Creo que su pertinencia depende de lo que sea o no capaz de hacer para multiplicar, conservar o prolongar los momentos en que un buen lector lee bien un buen libro, o sea, los momentos en que el valor de la literatura existe *in actu*.

Esto me lleva a formular una pregunta que hasta hace unos pocos años nunca me había planteado. ¿Puedo afirmar con certeza que alguna crítica evaluativa me haya ayudado alguna vez realmente a comprender y apreciar alguna obra literaria o alguna parte de una obra de ese tipo?

Cuando pienso en las ayudas con que he contado para ello, creo descubrir algo sorprendente. Si las ordeno por su grado de importancia, la de la crítica evaluativa figura al final de la lista.

En el primer lugar figura la de los estudiosos menos brillantes, los que preparan las ediciones de las obras, los que realizan la crítica de los textos, los comentaristas y los lexicógrafos. Estos son los que me han ayudado —y han de seguir ayudándome— más que cualquier otro. Saber qué escribió realmente el autor, qué significaban las palabras difíciles y a qué se referían las alusiones, es para mí muchísimo más útil que conocer cien nuevas interpretaciones o valoraciones.

El segundo lugar debo reservarlo para una clase despreciada: la de los historiadores de la literatura. Me refiero a los realmente buenos, como W. P. Ker y Oliver Elton. Lo primero que debo agradecerles es que me hayan permitido conocer la existencia de las obras. Pero su ayuda más importante ha sido la de habérmelas presentado en sus respectivos contextos. Así, pude descubrir a qué necesidades respondían, qué ideas se esperaba que hubiera en la mente de sus lectores. Estos historiadores me han ayudado a abandonar los enfoques incorrectos enseñándome qué debía buscar en las obras, y me han permitido reproducir hasta cierto punto la actitud mental de aquellos a quienes estaban dirigidas. Esto ha sido posible porque, en general, dichos estudiosos siguieron el consejo de Arnold y supieron quitarse de en medio. Les interesaba mucho más describir los libros que juzgarlos.

Es mi obligación situar en el tercer puesto a una serie de críticos emotivos que, hasta cierta edad, me ayudaron mucho contagiándome su propio entusiasmo por determinadas

El experimento

obras; por ello no solo pude acceder, sino llegar con el apetito bien despierto, a sus autores preferidos. Ahora no sentiría demasiado placer releyendo a esos críticos, pero durante cierta etapa me fueron útiles. No hicieron gran cosa por mi intelecto, pero sí por mi «coraje». Sí, incluso Mackail. Pero cuando pienso en los críticos considerados grandes (excluyo a los actuales), no sé qué hacer. ¿Puedo decir con toda honradez y rigor que mis lecturas de Aristóteles, Dryden, Johnson, Lessing, Coleridge, el propio Arnold (en sus textos de crítica), Pater o Bradley hayan contribuido a mejorar de alguna manera mi apreciación de alguna escena, capítulo, estrofa o verso? No estoy seguro de poder hacerlo. ¿Y cómo podría ser de otro modo si siempre valoramos a los críticos por la luz que su obra es capaz de arrojar sobre los libros que ya hemos leído? La frase de Brunetière *aimer Montaigne, c'est aimer soi même* me parece la observación más aguda que he leído. Pero ¿cómo hubiese apreciado esa agudeza si antes no hubiera visto que Brunetière acertó a señalar un componente del placer que siento leyendo a Montaigne, que reconozco tan pronto como me lo menciona, pero en el que no me había detenido a pensar? Por tanto, primero disfruto con Montaigne. No es la lectura de Brunetière la que me ayuda a disfrutar con Montaigne; solo porque he leído a este puedo disfrutar con aquel. Podría haber disfrutado con la prosa de Dryden sin conocer la descripción que Johnson hizo de ella; pero para disfrutar con esa descripción antes debo haber leído la prosa de Dryden. Lo mismo vale, *mutatis mutandis*, para la magnífica descripción que hace Ruskin de la prosa de Johnson en *Praeterita*,[20] ¿cómo podría saber si las ideas de Aristóteles sobre las características de una buena trama trágica son acertadas o estúpidas, si no soy capaz de decir: «Sí, así funciona exactamente *Edipo Rey*»? De hecho, no necesitamos a los críticos para disfrutar con los autores, sino a la inversa.

Normalmente, la crítica arroja una luz retrospectiva sobre lo que ya hemos leído. A veces puede corregir algunas exageraciones u omisiones en esa lectura, contribuyendo así a mejorar una ulterior relectura. Pero no es frecuente que lo haga en el caso de un lector maduro y cuidadoso cuya relación con la obra no sea reciente. Si este es tan estúpido como para haberse pasado años leyéndola mal, lo más probable es que lo siga haciendo. He comprobado que un buen comentarista o un buen historiador de la literatura, sin pronunciar una sola palabra de elogio o de condena, es mucho más capaz de corregir nuestros errores. Y lo mismo puede suceder cuando espontáneamente releemos la obra en el momento apropiado. Si hemos de elegir, siempre es mejor releer a Chaucer que leer una nueva crítica de su obra.

Estoy lejos de insinuar que esa luz retrospectiva sobre nuestras experiencias literarias previas carezca de valor. Pertenecemos a un tipo de personas que no se conforman con tener esas experiencias, sino que, además, quieren

El experimento

analizarlas, comprenderlas y expresarlas. Y como todo ser humano —o sea, como animales sociales que somos—, queremos «comparar nuestras notas», no solo en lo que se refiere a la literatura, sino también sobre la comida, el paisaje, el juego o las personas por las que compartimos admiración. Nos gusta saber con exactitud cómo disfrutan los demás de lo que nosotros disfrutamos. Es natural y totalmente acertado que nos produzca placer enterarnos de lo que piensa una inteligencia superior sobre una obra excepcional. Por eso leemos con tanto interés a los grandes críticos (aunque rara vez coincidamos con todo lo que afirmen). Su lectura es muy provechosa, pero creo que se ha exagerado la ayuda que pueden aportar para la lectura de las obras literarias.

Mucho me temo que este enfoque de la cuestión no satisfaga a los críticos de la escuela que podríamos llamar «vigilante». Para ellos, la crítica es una forma de higiene social y ética. Desde su punto de vista, la propaganda, la publicidad, el cine y la televisión constituyen una amenaza permanente para el pensamiento claro, el sentido de la realidad y la pureza de la vida. Las huestes de Madián «acechan en todas partes». Pero esa acechanza es aún más peligrosa en la palabra escrita. Y el peligro es más sutil, capaz «de engañar, si fuese posible, a los propios escogidos», no donde bien se ve que solo hay basura destinada a quedar fuera de los límites, sino en los autores que (hasta que no se los conoce mejor) parecen literalmente valiosos y dignos, por tanto, de figurar más acá de esos límites. Solo el vulgo puede caer en la trampa de las novelas de Burroughs o de las novelas del Oeste; pero las obras de Milton, Shelley, Lamb, Dickens, Meredith, Kipling o De La Mare encierran un veneno más sutil. Los críticos de la escuela vigilante son perros guardianes o detectives que nos defienden de esa amenaza. Se les ha acusado de dureza, de «obstinación y exceso de vehemencia en sus odios y preferencias, vestigios, quizá, de nuestra ferocidad insular».[21] Pero puede que esto sea injusto. Se comportan con total sinceridad y toman muy en serio su función. Están convencidos de que esta consiste en descubrir y señalar una perversión gravísima. Así como san Pablo decía: «¡Ay de mí, si no predico el Evangelio!», ellos podrían decir sinceramente: «¡Ay de nosotros, si no perseguimos la vulgaridad, la superficialidad y el falso sentimiento, y no lo denunciamos dondequiera se oculten!». El inquisidor o el cazador de brujas sincero no puede ser blando si ha de cumplir su especial cometido.

Evidentemente, es difícil encontrar un criterio literario general que nos permita decidir si este tipo de crítica favorece o perjudica la buena lectura. Sus cultores se esfuerzan en fomentar el tipo de experiencias literarias que consideran buenas; pero su idea general sobre lo que es bueno en la literatura es inseparable de su idea general sobre lo que es bueno en la vida. Aunque no creo que nunca hayan expuesto *en règle* su esquema de valores, este determina cada uno de sus actos críticos. Desde luego, en toda crítica influyen las ideas de su autor sobre cuestiones ajenas a la literatura. Pero cuando leemos una obra que expresa bien algo que, en general, consideramos malo, disponemos de cierta libertad que nos permite suspender la incredulidad (o la creencia) o, incluso, la repugnancia que sentimos por ese contenido. Aunque condenemos la pornografía como tal, podemos alabar a Ovidio por haberla practicado sin caer nunca en lo pegajoso y sofocante. Podemos reconocer que, cuando Housman escribe: «Cualquiera que haya sido el bruto y el bribón que hizo el mundo», logra expresar de forma breve y elegante un punto de vista muy repetido, y saber al mismo tiempo que si reflexionamos sobre este último lo encontraremos absurdo, independientemente de lo que pensemos sobre la situación actual del universo. Hasta cierto punto podemos disfrutar —puesto que «capta el sentimiento»— leyendo la escena de *Hijos y amantes* donde la joven pareja que copula en el bosque se siente como un puñado de «semillas» esparcido en la gran «siembra» (de la Vida), y al mismo tiempo —por decirlo así, con otra parte de la mente— pensar que este tipo de biolatría bergsoniana y la consecuencia práctica que se extrae de ella son muy confusas y quizá incluso perniciosas. Pero para ello necesitamos disponer de esa libertad que los críticos vigilantes nos niegan, de hecho, cuando descubren en cada giro expresivo el síntoma de determinadas actitudes cuyo rechazo o aceptación es asunto de vida o muerte. Para ellos nada puede ser cuestión de gusto, porque no reconocen la dimensión estética de la experiencia. Para ellos nada puede ser bueno en un sentido específicamente literario, porque un libro o un pasaje solo les parecen buenos cuando reflejan determinadas actitudes buenas, sin más, o sea, esenciales para una vida buena. Por tanto, aceptar sus juicios críticos entraña aceptar su idea (implícita) de la vida buena. De modo que para admirar su crítica es imprescindible reverenciar su sabiduría. Pero para esto es necesario contar con una formulación explícita de su sistema de valores, presentado ya no como un instrumento para la crítica, sino como una concepción autónoma, dotada de sus propias credenciales y, por tanto, capaz de hacerlas valer ante quienes tienen autoridad para juzgarlas: los moralistas, los teólogos especializados en temas morales, los psicólogos, los sociólogos o los filósofos. Porque no hay que caer en el círculo vicioso de afirmar que son sabios porque son buenos críticos y creer que son buenos críticos porque son sabios.

Mientras no contemos con esa formulación debemos suspender el juicio sobre el bien que esa escuela sea capaz de hacer. Pero sin esperar a eso podemos percibir algunos signos del daño que puede provocar. La política nos ha enseñado que los comités de salvación pública, los cazadores de brujas, los miembros del Ku Klux Klan, los orangistas, los macartistas *et hoc genus omne* pueden llegar a ser tan peligrosos como aquellos a quienes se proponían destruir. El uso de la

El experimento

guillotina se convierte en una afición. Así, cuando impera la crítica vigilante, casi no hay mes en que no caiga una cabeza. La lista de los autores aprobados se vuelve absurdamente breve. Nadie está a salvo. Si la filosofía de la vida en que se basa esta escuela resultara falsa, sus juicios habrían impedido muchas uniones eventualmente felices entre buenos lectores y buenos libros. Y aunque fuese verdadera, podemos dudar de que esa cautela, esa decisión tan férrea de no dejarse atrapar, de no ceder a ninguna llamada que pudiera resultar engañosa —esa voluntad de «mirar al dragón con ojos desencantados»—, resulte compatible con la entrega que requiere la recepción de un buen libro. Es imposible estar armado hasta los dientes y al mismo tiempo rendirse.

Acorralar a alguien, exigirle que se explique, hacerle todo tipo de preguntas, arrojarse sobre cualquier atisbo de incoherencia, puede ser un buen método para desenmascarar a un testigo mentiroso o a un simulador. Lamentablemente, también es un buen método para no enterarse jamás de lo que podría tener que decir una persona tímida o con dificultades para hablar. La actitud desconfiada que puede salvarnos de caer en la trampa de un mal autor también puede impedir que veamos y oigamos lo que se oculta, y se resiste a aparecer —sobre todo cuando es algo que no está de moda—, en la obra de uno bueno.

Por eso, sigo siendo escéptico no con respecto a la legitimidad o al encanto de la crítica evaluativa, sino en cuanto a su necesidad o utilidad. Sobre todo en el presente. Cualquiera que haya tenido en sus manos las tesis universitarias que suelen redactar los estudiantes de inglés ha comprobado no sin cierta aflicción que tienden cada vez más a ver los libros a través de otros libros. Cuando deben escribir sobre una obra de teatro, un poema o una novela, sacan siempre a relucir lo que piensa sobre ella algún crítico eminente. A veces un asombroso conocimiento de la crítica chauceriana o shakesperiana coexiste con un conocimiento muy deficiente de Chaucer o de Shakespeare. Cada vez es menos frecuente encontrar la respuesta personal. La importantísima conjunción entre el lector y el texto, esa experiencia literaria esencial, cuya aparición y desarrollo espontáneos nunca parecen haber sido fomentados, es ahora directamente imposible para estos jóvenes empapados, aturdidos y acosados por la crítica. Esta situación me parece mucho más peligrosa para nuestra cultura que cualquiera de las amenazas contra las que querrían protegernos los críticos vigilantes.

    Este exceso de crítica es tan peligroso que exige un tratamiento inmediato. Ya sabemos que la sociedad es la madre del ayuno. Pienso que diez o veinte años de abstinencia tanto en lo que se refiere a lectura como a producción de crítica evaluativa nos sentaría magníficamente a todos.

EPÍLOGO

EN EL CURSO de esta investigación he rechazado las ideas de que la literatura deba valorarse a) porque nos diga verdades sobre la vida o b) porque contribuya a nuestra formación cultural. También he afirmado que, cuando leemos una obra, su recepción debe ser para nosotros un fin en sí mismo. Y no he coincidido con los críticos vigilantes en la creencia de que solo lo que es bueno sin más puede ser bueno en literatura. Todo esto entraña la idea de un «bien» o de un «valor» específicamente literario. Algunos lectores se quejarán de que no haya aclarado en qué consiste ese valor. Se preguntarán, por ejemplo, si lo que estoy proponiendo es una teoría hedonista, según la cual el valor literario se identificaría con el placer. ¿O acaso considero, como Croce, que existe un modo de experiencia «estético», irreductible tanto al modo lógico como al práctico? ¿Por qué no pongo las cartas sobre la mesa?

Ahora bien, personalmente no estoy convencido de que en un libro como este deba hacerlo. Escribo sobre la práctica y la experiencia literaria desde dentro de ellas, porque me considero una persona dotada de sensibilidad literaria y me dirijo a otras personas igualmente sensibles a la literatura. ¿Acaso a mis lectores y a mí nos incumbe en especial aclarar en qué consiste ese valor literario? Explicar el valor de determinada actividad y, más aún, fijar su posición en una escala de valores, no es tarea que suela incumbir a quienes la practican. Aunque no está excluido que lo haga, el matemático no necesita analizar el valor de las matemáticas. Los cocineros y los *bon viveurs* tienen todo el derecho del mundo a hablar de cocina, pero no les corresponde a ellos decidir si es importante —y en qué medida— que los alimentos se cocinen con exquisitez. Como diría Aristóteles, este tipo de problemas pertenece a una disciplina «más arquitectónica», de hecho, a la Reina de las Ciencias, suponiendo que en la actualidad hubiese alguna pretendiente indiscutible a dicho trono. No debemos asumir demasiadas «responsabilidades». Incluso podría ser perjudicial introducir en nuestro experimento sobre la buena y la mala lectura una teoría completa del valor literario y de su importancia. Podríamos sentir la tentación de deformar las experiencias para que confirmasen nuestra teoría. Cuanto más específicamente literarias sean nuestras observaciones, cuanto menos contaminadas estén por una teoría del valor, más útiles serán para el que emprenda ese estudio arquitectónico. Lo que decimos sobre el bien

Epílogo

literario servirá mejor para verificar o refutar sus teorías si no pensamos en esta aplicación.

Sin embargo, puesto que el silencio podría permitir alguna interpretación aviesa, pondré sobre la mesa las pocas y mediocres cartas que poseo. Si tomamos la literatura en el sentido más amplio, abarcando tanto la literatura de conocimiento como la de poder, la pregunta «¿Qué valor tiene leer lo que alguien escribe?» equivale a la pregunta «¿Qué valor tiene escuchar lo que alguien dice?». Salvo que una persona sea capaz de encontrar en sí misma todas las informaciones, las diversiones, los consejos, las críticas y las alegrías que desee, la respuesta es obvia. Y si vale la pena escuchar o leer, entonces también puede valer muchas veces la pena incluso para poder descubrir que algo no la merece.

Si, en cambio, tomamos la literatura en el sentido más restringido, el problema es más complejo. Una obra de arte literaria puede considerarse desde dos puntos de vista. *Significa* y, al mismo tiempo, *es*. De una parte es *Logos* (algo dicho) y, de otra, *Poiema* (algo hecho). En el primer sentido, cuenta una historia, expresa una emoción, exhorta, critica o hace reír. En el segundo, tanto por su belleza sonora como por el equilibrio y el contraste, y por la multiplicidad integrada de sus sucesivas partes, es un *objet d'art*, algo dotado de una forma capaz de suscitar un placer muy intenso. Desde un punto de vista —y, quizá, solo desde él—, la períodos entre pintura y poesía resulta pertinente. Para separar estos dos aspectos de la obra de arte literaria es necesario un acto de abstracción, y cuanto mejor es la obra más violenta parece esta abstracción. Lamentablemente, no podemos evitarla.

Es evidente que nuestra experiencia de la obra como *poiema* nos proporciona un placer muy intenso. Quienes lo han sentido desean volver a sentirlo. Y buscan nuevas experiencias de ese tipo, aunque su búsqueda no responda a ninguna necesidad moral, material o pragmática. Si alguien afirmase que en tales conclusiones no puede haber una experiencia que sea placentera, cabría exigirle una definición del placer que excluyese estos casos. Lo que sí puede objetarse a una teoría meramente hedonista de la literatura, o de las artes en general, es que la idea de «placer» es muy abstracta y, por tanto, muy vacía. Denota demasiadas cosas y connota muy pocas. Si alguien me dice que determinada cosa es un placer, no sé si se parece a una venganza, a una tostada con mantequilla, a un éxito, a una alabanza o al alivio por haber superado algún peligro o por poder rascarse donde tanto le picaba. Lo que quiero es que me digan qué tipo de placer proporciona la literatura. La verdadera tarea comienza al tratar de definir ese placer específicamente literario. Y una vez lograda esa definición se comprende que la palabra «placer» no era demasiado importante.

Epílogo

Por tanto, aunque sea cierto, es inútil decir que nuestro placer deriva de la forma del *poiema*. Conviene recordar que, cuando se aplica a algo cuyas partes se suceden en el tiempo (como ocurre con las partes de una pieza musical o de una obra literaria), la palabra «forma» es una metáfora. El placer que nos depara la forma de un *poiema* es muy diferente del que sentimos por la forma (literal) de una casa o de un jarrón. Las partes del *poiema* son cosas que hacemos nosotros; consideramos una serie de fantasías, sentimientos imaginarios e ideas, siguiendo el orden y el ritmo que prescribe el poeta. (Una de las razones de que un relato muy «emocionante» rara vez sea capaz de suscitar el mejor tipo de lectura reside en que azuza la curiosidad del lector incitándole a forzar ese ritmo). Esto se parece menos a contemplar un jarrón que a «hacer ejercicios» siguiendo las instrucciones de un experto o a participar en una danza coral creada por un buen coreógrafo. Nuestro placer tiene diversos ingredientes. El ejercicio de nuestras facultades constituye de por sí un placer. También sentimos placer cuando logramos hacer lo que se nos indica, si vale la pena hacerlo y si las instrucciones no son fáciles de seguir. Cuando el *poiema*, los ejercicios o la danza han sido ideados por un maestro, los movimientos y las pausas, las aceleraciones y los retardos, los pasajes más fáciles y los más difíciles, se producirán exactamente según los necesitemos; experimentaremos la agradable sorpresa de ver satisfechos unos deseos de cuya existencia nada sabíamos hasta el momento de verlos satisfechos. Terminaremos con la dosis exacta de cansancio, y «con el último compás». Sería intolerable terminar un momento antes —o un momento después— o de una manera diferente. Cuando, luego, reflexionamos sobre lo que hemos hecho, sentimos que nuestros actos han seguido un orden o una pauta que correspondía a nuestro impulso natural.

Si la experiencia no fuese buena para nosotros —no buena como medio para llegar a algo situado más allá del *poiema*, de la danza o de los ejercicios, sino buena para nosotros aquí y ahora—, no podría afectarnos de esta manera, no podría proporcionarnos este placer. La relajación, la ligera (y agradable) sensación de lasitud, la ausencia de toda inquietud, que sentimos al acabar de leer una gran obra, demuestran claramente que nos ha hecho bien. Esto es lo que quiso explicar Aristóteles con su teoría de la *katharsis*, o lo que quiere decir el doctor I. A. Richards cuando afirma que la «serenidad» que sentimos después de haber asistido a la representación de una gran tragedia significa en realidad que «el sistema nervioso se encuentra perfectamente bien aquí y ahora». Por mi parte, no puedo aceptar ninguna de esas teorías. La de Aristóteles, porque nadie se ha puesto aún de acuerdo sobre el significado de ese término. La del doctor Richards, porque casi equivale a una consagración del tipo más elemental y menos exigente de fantasía egoísta.

Epílogo

Según él, la tragedia nos permite combinar, en el nivel de la acción incipiente o de las imágenes mentales, determinados impulsos que serían incompatibles en la acción explícita, como el impulso a acercarnos a lo terrible y el impulso a huir de ello.[22] Muy bien. Entonces, cuando leo que el señor Pickwick es una persona generosa puedo combinar (en el nivel de la acción incipiente) mi deseo de dar dinero y mi deseo de guardarlo; cuando leo *Maldon* combino (en ese mismo nivel) mi deseo de comportarme como un valiente y mi deseo de huir. Por tanto, el nivel de la acción incipiente es un sitio donde podemos comernos el pastel y conservarlo intacto, donde podemos ser heroicos sin correr riesgo alguno, y generosos sin tener que hacer el menor gasto. Si pensase que este es el efecto que me produce la literatura, no volvería a leer. Pero, aunque rechace tanto la teoría de Aristóteles como la de Richards, pienso que ninguno de ellos se equivoca de perspectiva. Frente a todos los que buscan el valor de las obras literarias en las «visiones», «filosofías» o, incluso, «comentarios» de la vida que estas serían capaces de proporcionarnos, ellos, en cambio, lo buscaron en lo que nos sucede al leerlas; o sea, ese valor no reside en unas consecuencias remotas, y meramente probables, de la lectura, sino allí donde de hecho lo sentimos.

Solo porque también es un *poiema*, puede un *logos* convertirse en una obra de arte literaria. Y a la inversa, solo el *logos* es capaz de hacer surgir en nosotros, y de orientar, las imaginaciones, las emociones y los pensamientos con los que el *poiema* construye su armonía, y que sin ese *logos* no podrían existir. Nos imaginamos a Lear en medio de la tormenta, compartimos su furia, sentimos compasión y terror por todo lo que sucede. Estas reacciones surgen de algo que en sí mismo no es literario ni verbal. El aspecto literario de la cuestión reside en las palabras que describen la tormenta, la furia, lo que le ocurre a Lear, logrando suscitar esas reacciones en un orden o pauta análogos al de una «danza» o un «ejercicio». La pauta formal de *The Apparition* de Donne es muy sencilla pero muy eficaz: sorprendentemente, el tono injurioso del comienzo no conduce a un clímax, sino a una reticencia muchísimo más siniestra. Lo que esa pauta modela es el rencor que, al leer el poema, compartimos con Donne. La pauta lo convierte en algo definitivo y le infunde una especie de gracia. Análogamente, y en una escala mucho más amplia, Dante ordena y modela nuestros sentimientos e imágenes del universo según sus propias ideas e, incluso, fantasías al respecto.

La lectura estrictamente literaria se distingue de la lectura de textos científicos o, en general, de textos que transmiten información, porque en su caso el *logos* —lo que el texto dice— no necesita ser creído ni aprobado. La mayoría de nosotros no cree que el universo de Dante se parezca para nada al universo real. En la vida real, a la mayoría de nosotros la emoción que expresa *The Apparition* de Donne

Epílogo

nos parecería necia y vil o incluso, lo que es aún peor, trivial. Ninguno de nosotros puede aceptar al mismo tiempo las concepciones de la vida de Housman y de Chesterton o la del *Omar* de Fitzgerald y la de Kipling. ¿Qué valor tiene —e, incluso, qué justificación puede tener— interesarse con tanto entusiasmo por unas historias que narran cosas que nunca han sucedido, y participar indirectamente de unos sentimientos que no nos interesaría en absoluto experimentar en nuestras vidas? ¿Qué valor tiene concentrarse para imaginar cosas que nunca podrían existir, como el paraíso terrenal de Dante, el pasaje de la *Ilíada* en que Tetis surge del mar para consolar a Aquiles, la Dama Naturaleza de Chaucer o de Spenser, o la barca esquelética de *La balada del viejo marinero*?

Es inútil tratar de eludir estas preguntas atribuyendo todo el valor de la obra literaria a su aspecto de *poiema*, porque este se construye con las diferentes reacciones que el *logos* suscita en nosotros.

Por el momento solo puedo responder de forma aproximada diciendo que en ese tipo de lectura lo que buscamos es una ampliación de nuestro ser. Queremos ser más de lo que somos. Por naturaleza, cada uno de nosotros ve el mundo desde un punto de vista, y con un criterio selectivo, que le son propios. E, incluso, nuestras fantasías desinteresadas están llenas de peculiaridades psicológicas que las condicionan y limitan. En el plano de la sensibilidad, solo los locos aceptan sin más —o sea, sin corregir los errores de perspectiva— esta visión personal. No podemos creer que los raíles se estrechan a medida que se alejan. Pero no solo en ese nivel inferior queremos evitar las ilusiones de perspectiva. Queremos ver también por otros ojos, imaginar con otras imaginaciones, sentir con otros corazones. No nos conformamos con ser mónadas leibnizianas. Queremos ventanas. La literatura, en su aspecto de *logos*, es una serie de ventanas e, incluso, de puertas. Una de las cosas que sentimos después de haber leído una gran obra es que hemos «salido»; o, desde otro punto de vista, «entrado», porque hemos atravesado el caparazón de alguna otra mónada y hemos descubierto cómo es por dentro.

Por tanto, leer bien, sin ser esencialmente una actividad sentimental, moral o intelectual, comparte algo con las tres. En el amor salimos de nosotros para entrar en otra persona. En el ámbito moral, todo acto de justicia o caridad exige que nos coloquemos en el lugar de otra persona y, por tanto, que hagamos a un lado nuestros intereses particulares. Cuando comprendemos algo descartamos los hechos tal como son. El primer impulso de cada persona consiste en afirmarse y desarrollarse. El segundo, en salir de sí misma, corregir su provincianismo y curar su soledad. Esto es lo que hacemos cuando amamos a alguien, cuando realizamos un acto moral o cognoscitivo y cuando «recibimos» una obra de arte. Sin duda, este proceso puede interpretarse como

Epílogo

una ampliación o como una momentánea aniquilación de la propia identidad. Pero se trata de una vieja paradoja: «el que pierde su vida la salvará».

Por tanto, disfrutamos participando de las creencias de otros hombres (por ejemplo, las de Lucrecio o las de Lawrence), aunque puedan parecernos falsas; de sus pasiones, aunque puedan parecernos depravadas, como, a veces, las de Marlowe o las de Carlyle; y también de sus imaginaciones, aunque carezcan de todo realismo de contenido.

Con esto no quiero decir que la literatura de poder deba interpretarse, una vez más, como un sector de la literatura de conocimiento, destinado a satisfacer nuestra curiosidad racional por la psicología de las otras personas. No se trata en absoluto de una cuestión de conocimiento (en este sentido del término). Se trata de *connaître*, no de *savoir*; se trata de *erleben*; nos convertimos en esas otras personas. No solo, ni fundamentalmente, para ver cómo son, sino para ver lo que ven, para ocupar por un momento sus butacas en el gran teatro, para ponernos sus gafas y contemplar desinteresadamente lo que se puede comprender, gozar, temer, admirar o festejar a través de esas gafas. Por tanto, no importa si el estado de ánimo expresado en un poema corresponde real e históricamente al que sintió el poeta, o solo se trata de algo que este imaginó. Lo que importa es su poder, su capacidad para hacérnoslo vivir. Dudo de que el estado de ánimo expresado en *The Apparition* tuviese para el Donne real otro peso que el de un mero juego o ficción dramática. Y dudo mucho más de que el Pope real sintiera, salvo al escribirlo —e, incluso entonces, de otro modo que como una mera ficción dramática—, el sentimiento expresado en el pasaje que comienza: «sí, estoy orgulloso».[23] Pero ¿qué importa?

Aquí reside, si no me equivoco, el valor específico de la buena literatura considerada en su aspecto de *logos*; nos permite acceder a experiencias distintas de las nuestras. Al igual que estas, no todas esas experiencias valen la pena. Algunas resultan, como suele decirse, más «interesantes» que otras. Desde luego, las causas de ese interés son muy variadas, y son diferentes para cada persona. Algo puede interesarnos porque nos parece típico (decimos: «¡Qué verdadero!»), anormal (decimos: «¡Qué extraño!»), hermoso, terrible, pavoroso, regocijante, patético, cómico o solo excitante. La literatura nos da la *entrée* a todas esas experiencias. Los que estamos habituados a la buena lectura no solemos tener conciencia de la enorme ampliación de nuestro ser que nos ha deparado el contacto con los escritores. Es algo que comprendemos mejor cuando hablamos con un amigo que no sabe leer de ese modo. Puede estar lleno de bondad y de sentido común, pero vive en un mundo muy limitado, en el que nosotros nos sentiríamos ahogados. La persona que se contenta con ser solo ella misma, y por tanto, con ser menos persona, está encerrada en una cárcel. Siento que mis

Epílogo

ojos no me bastan; necesito ver también por los de los demás. La realidad, incluso vista a través de muchos ojos, no me basta; necesito ver lo que otros han inventado. Tampoco me bastarían los ojos de toda la humanidad; lamento que los animales no puedan escribir libros. Me agradaría muchísimo saber qué aspecto tienen las cosas para un ratón o una abeja; y más aún percibir el mundo olfativo de un perro, tan cargado de datos y emociones. La experiencia literaria cura la herida de la individualidad, sin socavar sus privilegios. Hay emociones colectivas que también *curan esa herida*, pero destruyen los privilegios. En ellas nuestra identidad personal se funde con la de los demás y retrocedemos hasta el nivel de la subindividualidad. En cambio, cuando leo gran literatura me convierto en mil personas diferentes sin dejar de ser yo mismo. Como el cielo nocturno en el poema griego, veo con una miríada de ojos, pero sigo siendo yo el que ve. Aquí, como en la adoración, en el amor, en la acción moral y en el conocimiento, me trasciendo a mí mismo y en ninguna otra actividad logro ser más yo.

APÉNDICE

UNA NOTA SOBRE EDIPO

TAL VEZ ALGUIEN podría negarse a aceptar el carácter atípico de la historia de Edipo alegando que han existido sociedades donde estaban permitidos los casamientos entre padres e hijos.[24] Esta teoría podría apoyarse en los diferentes mitos que otorgan a la diosa Tierra un joven esposo que también es su hijo. Sin embargo, esto no tiene importancia alguna para la historia de Edipo tal como la conocemos. Porque no es solo la historia de un hombre que se casa con su madre, sino de un hombre cruelmente destinado a casarse con su madre, sin saberlo ni quererlo, en una sociedad donde ese tipo de casamiento se considera abominable. Las sociedades, si las hubo, que lo aprobaban serían sociedades en las que simplemente una historia como la de Edipo nunca podría contarse, porque no presentaría el menor interés. Si casarse con la propia madre es tan normal como casarse con la muchacha de al lado, entonces no es más impresionante que casarse con la muchacha de al lado, ni más digno de figurar en un relato. Podría aducirse, quizá, que la historia de Edipo «deriva» de ciertos recuerdos oscuros de una época más primitiva, o de rumores oscuros acerca de otro tipo de cultura, donde el casamiento entre padres e hijos estaba permitido. Sin embargo, el recuerdo debe de haberse vuelto suficientemente «oscuro» —y, digámoslo sin más, suficientemente falso— para que esa antigua costumbre ya no se reconozca como tal, y para que cada ejemplo residual de esa práctica se perciba erróneamente como una monstruosa excepción. Y la cultura extraña ha de serlo hasta tal punto que quienes relaten sus costumbres incurran en el mismo error. En caso contrario, la historia, tal como la conocemos, no se sostendría; y lo mismo sucedería con la de Tiestes si alguien la contase en una sociedad donde servir a un huésped la carne de sus propios hijos fuera una muestra reconocida de hospitalidad. La ausencia de la costumbre —más aún: la imposibilidad de concebirla— es la *conditio sine qua non* de la historia.

NOTAS

1. Debo esta caracterización de Racine a Owen Barfield. *[Esta nota, como las siguientes, es del autor].*
2. Boswell, *Life of Johnson*, 23 de septiembre de 1777.
3. Capítulo 3, *ad fin.*
4. Caxton, XVII, 14 (Vinaver, 1014).
5. No afirmo que nunca podamos descubrirlo.
6. *Cuentos de Canterbury*, D. 1775.
7. *Beowulf,* 2288; *Brut,* 1987 y ss.; *Gawain and the Green Knight,* 802; *Patience,* 268; *Duke Huon of Burdeux,* II, CXVI, p. 409, ed. S. Lee, E.E.T.S.; *Henry V,* II, III, 14; *Excursion,* IV, 1174.
8. Y a menudo también por el realismo de presentación; pero ahora solo nos interesa el de contenido.
9. Véase el Apéndice.
10. *Ilíada*, V, 302 y ss.
11. *Olímpica* III, 3r; *Pítica* X, 29 y ss.
12. Tales, *Prefacio*, párrafo, r6.
13. «On Fairy-Stories», *Essays presented to Charles Wiliams* (1947), p. 58.
14. Píndaro, fragmento 87-88 (58).
15. Véase J. W. Saunders, «Poetry in the Managerial Age», *Essays in Criticism*, IV, 3 (julio de 1954).

16. *Function of Criticism.*
17. *On Translating Homer,* II.
18. *Pagan and Mediaeval Religious Sentiment.*
19. *Last Words on Translating Homer.*
20. Cap. 12, párrafo 251.
21. Arnold, *Last Words on Translating Homer.*
22. *Principles of Literary Criticism* (1934), pp. 110, 111, 245.
23. *Epilogue to the Satires,* diál. II, verso 208.
24. Véase *Apollodorus, Bibliotheca,* ed. J. G. Frazer (Loeb, 1922), vol. II, pp. 373 y ss.

www.ingramcontent.com/pod-product-compliance
Lightning Source LLC
LaVergne TN
LVHW031630070426
835507LV00025B/3418